Knaur
MensSana

Von Doris Iding ist außerdem bei Knaur erschienen:

Die heilende Kraft des bewussten Atmens
Lustvoll abnehmen (mit Gudrun Huber)

Über die Autorinnen:

Doris Iding studierte Ethnologie, Psychologie und Religionswissenschaft. Sie ist ärztlich geprüfte Yoga-Lehrerin und unterrichtet Kinder- und Erwachsenen-Yoga in verschiedenen Institutionen. Sie arbeitet als Journalistin und Sachbuchautorin und hat bereits zahlreiche Artikel und Bücher zu gesundheitlichen und spirituellen Themen veröffentlicht.

Katja Kaiser studierte Neuere Deutsche Literatur und Psychologie. Als Familien- und Verhaltenstherapeutin führt sie eine eigene Praxis in München. Sie ist ärztlich geprüfte Yoga-Lehrerin und integriert spirituelle Ansätze in ihre therapeutische Arbeit.

Doris Iding / Katja Kaiser

Business-Yoga

Entspannt dem Berufsalltag gewachsen sein

Mit zahlreichen Abbildungen

Knaur
MensSana

Besuchen Sie uns im Internet: www.droemer-knaur.de
Alle Titel aus dem Bereich MensSana finden Sie im Internet unter
www.knaur-mens-sana.de

Originalausgabe August 2005

Umschlaggestaltung: ZERO Werbeagentur, München
Umschlagabbildung: Mauritius Images, Mittenwald
Satz: Pinkuin Satz und Datentechnik, Berlin
Druck und Bindung: Clausen & Bosse, Leck
Printed in Germany
ISBN 3-426-87263-3

2 4 5 3 1

Inhalt

Möge dieses Buch zu mehr Frieden im Einzelnen
sowie in der Welt beitragen.

Einführung

Durch edles Handeln
lässt sich viel bewirken.

Laotse

Ein voller Terminkalender, schlechte Ernährung, zu wenig Bewegung und unzureichend frische Luft führen zu Stress, Übergewicht und Unbeweglichkeit, hinzu kommen noch Konjunkturkrisen, drohende Arbeitslosigkeit und daraus resultierende Existenzängste sowie generell eine verschärfte Konkurrenzsituation am Arbeitsplatz. All das erschwert vielen Menschen den Beruf und macht die Arbeit zu einer psychischen und physischen Belastung anstatt zu einer Quelle der Kreativität und Freude. Somit ist die Arbeit für viele nicht – wie es eigentlich sein sollte – eine Berufung, sondern reduziert sich zu einer Tätigkeit, die lediglich der Existenzsicherung dient. Dabei sind die Schwierigkeiten mit den Kollegen oft kaum mehr zu bewältigen, und auch die Anforderungen, die der moderne Berufsalltag stellt, lassen sich nur noch mit Mühe erfüllen.
Eine derart negative Arbeitssituation führt früher oder später dazu, dass der Mensch auf der körperlichen, seelischen und geistigen Ebene in eine Disharmonie gerät, was physische oder psychische Krankheiten zur Folge haben kann. Er verliert immer mehr die Freude an der Arbeit und vermag im schlimmsten Fall auch den Sinn seines Daseins nicht mehr zu erkennen. Diese Konsequenz ist tief greifend, denn schließlich verbringen wir den Großteil des Tages an unserem Arbeitsplatz.
Darüber hinaus stehen bei der heutigen Wirtschaftslage die meis-

ten auch noch unter dem Druck, ihre Position irgendwie halten zu müssen. Diese ist nicht nur durch die schwache Marktsituation gefährdet, sondern auch durch wachsende interne wie externe Konkurrenz sowie durch Mobbing innerhalb der Firma. Jedenfalls nimmt die Zahl der gestressten Arbeitnehmer, die daraufhin ihren Hausarzt, Psychiater oder Psychotherapeuten aufsuchen, in erschreckendem Maße zu. Diese Situation verdeutlicht, wie schwierig es für die Menschen heute ist, mit Stress im Beruf umzugehen, aber auch, wie fatal sich dieser Stress auf zwischenmenschliche Beziehungen, Teamgeist und Kollegialität am Arbeitsplatz auswirkt.

Doch auch Selbstständige oder Arbeitgeber durchleben heute harte Zeiten, wenn sie sich bemühen, ihr Unternehmen zu sichern. Viele Firmen sind auf Grund der Konjunkturlage gezwungen zu schließen oder werden insolvent. All diese negativen äußeren Umstände machen es auch hier dem Einzelnen schwer, mit Freude zu arbeiten und sich und seinen Idealen treu zu bleiben.

Gelingt es uns auf der anderen Seite – ob als Angestellter, Freischaffender oder als Arbeitgeber –, uns von den äußeren Anforderungen frei zu machen und unserer Berufung zu folgen, also eine Arbeit auszuüben, die unserer inneren Bestimmung entspricht, können wir aus einer Quelle der Freude, Kreativität und Inspiration schöpfen und den Höhen und Tiefen des Arbeitsalltags besser begegnen. Dann ist es die Bestimmung selbst, die uns motiviert und uns aus uns selbst heraus richtig handeln und entscheiden lässt.

Wie aber findet man nun zu seiner Berufung und vor allem auch den entsprechenden Weg, um ein sinnerfülltes Leben am Arbeitsplatz zu führen? Der jahrtausendealte Yoga ist uns behilflich, wichtige und achtsame Schritte auf dem Weg zur eigenen Berufung zu gehen und uns im Berufsleben auch so zu verhalten, dass wir mit uns in Einklang stehen.

Das Buch »Business-Yoga« zeigt somit einen Weg auf, wie wir zu mehr Zufriedenheit am Arbeitsplatz finden, zu einer konstruktiven Zusammenarbeit mit unseren Kollegen gelangen und wie unsere Arbeit darüber hinaus dem Wohl aller Wesen dienen kann. Hierbei ist uns das »Yoga-Sutra des Patanjali« eine wertvolle Unterstützung. In diesem Sutra, das zum ersten Mal den Yoga systematisierte, geht es in erster Linie darum, den Geist zu erziehen, zu lenken und zur Ruhe zu bringen, denn dieser hat die Tendenz, permanent rastlos von der Vergangenheit zur Zukunft zu springen und dabei seine wahre Herkunft, das unendlich schöpferische Bewusstseinsfeld, völlig zu vergessen. Somit ist Yoga weitaus mehr als nur eine Technik, die uns hilft, unsere körperlichen Verspannungen zu lösen.

Es werden in diesem Buch detaillierte Erläuterungen des achtstufigen Pfades des Patanjali gegeben – hier als die acht Speichen eines Rades dargestellt – und diverse einfache und schnell durchführbare Übungen erklärt, die es dem Leser ermöglichen, die Philosophie des Weges unmittelbar in den Berufsalltag zu integrieren und die Übungen auch gleich praktisch umzusetzen. Es handelt sich dabei um kurze Übungen, die in ein bis drei Minuten durchzuführen sind. Sie müssen dazu weder in ein Yoga-Studio gehen noch sich umziehen, und Sie müssen sich auch keine besondere Ausrüstung zulegen. Die Übungen lassen sich mühelos in den beruflichen Alltag integrieren, können also vor Ort im Büro, am Flughafen oder in der Bahn durchgeführt werden. Manche eignen sich natürlich zur Wiederholung zu Hause, wo sie sich in Form einer ganzen Übungsreihe durchführen lassen. Indem wir uns mit Hilfe der Übungen immer wieder uns selbst zuwenden, wirken sie sich heilend auf unseren Körper, auf unseren Geist und außerdem nachhaltig auf unsere Arbeit aus. Darüber hinaus gibt es aber auch eine Vielzahl von Übungen, die uns helfen, zu unserer Berufung zu finden und auf eine menschlich integre Art und Weise mit unseren Mitmenschen umzugehen. Sind wir am Arbeitsplatz bemüht, unser Gegenüber mit so viel Achtsamkeit und Respekt zu behandeln, wie wir selbst gerne behandelt werden möchten, so wirkt sich das früher oder später positiv auf uns selbst aus.

Wir würden uns freuen, wenn Sie die Übungen in Ihrem Leben wie auch in Ihrem Beruf umsetzen können, damit Sie am Arbeitsplatz mehr Zufriedenheit erfahren und harmonisch mit Ihren Kollegen zusammenarbeiten, was letztendlich zum Wohl aller ist.

Doris Iding und Katja Kaiser

TEIL 1

Der Weg aus der Unbewusstheit
in das göttliche Selbstbewusstsein,
das ist Yoga;
der Weg aus dem Sklaventum in die Freiheit,
das ist Yoga;
der Weg von der Isoliertheit in die Einheit,
das ist Yoga.

Elisabeth Haich

Altes yogisches Wissen für die moderne Arbeitswelt

Das Leichte ist richtig.
Beginne richtig, und es ist leicht.
Fahre leicht fort, und es ist richtig.
Der richtige Weg, das Leichte zu finden, ist,
den richtigen Weg zu vergessen
und zu vergessen,
dass es leicht ist.

Dschuang-Tsu

Seit vielen Jahrtausenden spielt der Yoga auf dem Weg zur Selbstfindung und spirituellen Entwicklung für die Inder eine zentrale Rolle, denn er half vielen Yogis, ihren Geist nicht nur zu beruhigen und sich über die vollkommene Identifikation mit dem Körper zu erheben, sondern es gelang ihnen mit dieser Technik auch, ihren Geist vollkommen zu transzendieren und Befreiung im Sinn der Erleuchtung zu erlangen. Zuerst waren es allerdings nur wenige Menschen, die sich auf diesen Weg machten und zum Beispiel in entlegenen Höhlen des Himalaja oder in den Ebenen Indiens jahrelang Yoga praktizierten. Im Lauf der Jahrhunderte fand diese Methode, die das Beherrschen von Körper und Geist lehrt, jedoch immer mehr Anhänger. So führten bedeutende spirituelle indische Lehrer und Gelehrte wie Vivekananda, Sri Aurobindo, Ramana Maharshi oder Swami Sivananda die Menschen in die umfassende Yoga-Lehre ein und eröffneten ihnen so einen Weg, sich selbst zu ergründen und darüber hinaus mit dem Göttlichen in Kontakt zu kommen. Aber auch andere nicht ganz so bekannte Gurus und spirituelle Meister aus Ost und West haben den Yoga bekannt gemacht und aufgezeigt, dass er ein spiritueller Weg ist, ein Lebensweg, der nicht nur den Hindus, den Buddhisten oder Jainisten offen steht, sondern von allen Menschen beschritten werden kann, die nach Selbsterkenntnis, Selbstbewusstsein und auch nach Vollkommenheit streben, und zwar unabhängig von Religion oder Gesellschaftsschicht.

Da es sich beim Yoga nun also um ein System handelt, das losgelöst von jeglicher Konfession praktiziert werden kann, wurde er auch über die Grenzen Indiens hinweg bekannt. Zuerst waren es in Europa Philosophen, Gelehrte, Religionswissenschaftler und Intellektuelle, die sich für Yoga interessierten. Sie waren besonders fasziniert von der Vielschichtigkeit der Yoga-Lehre, denn sie erkannten, dass diese Lehre – obwohl oder vielleicht auch gerade weil sie Jahrtausende alt ist – ein durchdachtes Konzept der Persönlichkeitsentfaltung darstellt; schließlich umfasst der Yoga den Körper, die Seele und den Geist des Menschen und zielt darauf ab, den Menschen zu größerer Gelassenheit, Harmonie, Reife und Weisheit zu führen.

Der körperliche Aspekt des Yoga, wie er derzeit hier in Europa einen Boom erlebt, ist allerdings nur ein Schritt auf dem Weg der Persönlichkeitsentfaltung. Natürlich können uns die Übungen helfen, Verspannungen aufzulösen und ein Ungleichgewicht im Körper auszugleichen. Das höhere Ziel des Yoga ist jedoch, den Weg zu einem weiter entwickelten Bewusstsein bis hin zum Göttlichen zu weisen. In China wird dieser Weg als eine Entwicklung vom schwachen Menschen über den begabten Menschen bis hin zum weisen Menschen betrachtet. Ähnlich lässt sich dieser Weg im Yoga beschreiben, nämlich als ein Weg vom Unbewussten zum Bewussten oder vom Unklaren zum Klaren, wobei der Mensch immer mehr nach Vollkommenheit strebt, die jedem Menschen zu Eigen ist.

Während in unserer Gesellschaft oftmals besonders großer Wert auf die Entwicklung der Intelligenz und des Intellekts gelegt wird, spielt im Yoga das Erlangen von Weisheit eine viel größere und wichtigere Rolle. Denn nicht jeder Mensch, der intelligent ist, ist auch gleichzeitig weise. Weshalb sonst handeln so viele Führungspersönlichkeiten oft derart unbewusst und geraten dann ins Kreuzfeuer der öffentlichen Kritik? Warum gibt es in unserer Gesellschaft in führenden Positionen gegenwärtig so wenig reife, gütige und verehrungswürdige Vorbilder im Sinn des Yoga? In unserer Gesellschaft sind Menschen, die ihr eigenes Ego überwunden und sich auf ihrem Lebensweg bewusst und zielstrebig entfaltet haben, ohne anderen dabei Schaden zuzufügen, eine Seltenheit. Und wenn es einmal so jemanden gibt, steht er meist nicht im Rampenlicht der Öffentlichkeit. Doch auch weltweit finden sich Leitbilder, wie zum Beispiel Mahatma Gandhi eines war, in der Geschichte leider nicht häufig.

Dabei sind es gerade die persönlichen oder gesellschaftlichen Vorbilder, die einen Menschen dazu veranlassen können, sich im Berufsleben – also im Umgang mit Kollegen, Mitarbeitern, Geschäftspartnern und Kunden – bewusst und spirituell zu verhalten. In unserer westlichen Gesellschaft kommt allerdings in erster Linie Menschen aus Sport, Politik und Kunst so eine Vorbildfunktion zu, deren Ziel vornehmlich darin besteht, Erfolg, Ruhm, Reichtum und Geltung zu erlangen. Ein spirituelles Bewusstsein jenseits dieser Äußerlichkeiten fehlt vielen dieser Leitbilder oder wird von den Medien schlichtweg nicht vermittelt. Im Gegenteil, manche bekannte Persönlichkeiten machen sogar immer wieder durch Skandale Schlagzeilen.

Viele Menschen streben unreflektiert diesen Vorbildern nach. Sie geraten so in ein Spannungsfeld, weil sie versuchen zu erreichen, was ihnen ihr vermeintliches Ideal vorlebt, anstatt nach innen zu blicken und zu sehen, wo ihre eigene Bestimmung liegt. Entwickeln wir jedoch unser Bewusstsein nicht, kann die daraus resultierende Spannung so groß sein, dass sie nie nachlässt, weil wir nämlich ein unerreichbares Ziel verfolgen. Dann passiert Folgendes: Wir zerstören unsere Gesundheit und werden von ständigen Selbstzweifeln geplagt, weil wir in einem solchen Ausmaß an dem verinnerlichten Ideal – Äußerlichkeiten eben – festhalten, dass wir meinen, es nie zu erreichen. Das erfüllt uns mit einem Gefühl des Mangels wie auch der Mangelhaftigkeit.

Auch im Berufsleben – zum Beispiel bei der Schulung von Führungskräften – wurde lange Zeit vor allem Wert auf eine Verbesserung der Leistungsfähigkeit gelegt. Menschliche Werte wie Ethik und Moral blieben größtenteils unberücksichtigt. Genauso wenig wurde ein achtsamer Umgang mit der Natur vermittelt. Im Vordergrund stand generell die Förderung der Effizienz.

Bewusstseinswandel

> Du musst die Stufen erklimmen
> und auf jede fest deinen Fuß setzen,
> um den höchsten Punkt zu erreichen.
>
> *Sri Aurobindo*

Zum Glück findet gegenwärtig ein Bewusstseinswandel statt, und immer mehr Menschen erkennen mittlerweile, dass ihnen Äußerlichkeiten wie Reichtum und Ruhm kein dauerhaftes Glück bescheren, sondern dass es wichtiger ist, sich auf die inneren Werte und die eigene spirituelle Entwicklung zu besinnen. Auch viele Firmen sind zu der Einsicht gelangt, dass es nicht weit genug gedacht ist, ausschließlich auf die Steigerung der Effizienz zu achten und die Kosten zu senken. Der Begriff Wirtschaftsethik beginnt an Bedeutung zu gewinnen. Das zeigt sich zum Beispiel, indem immer mehr Firmen ihre Führungskräfte zu Seminaren schicken, die eine spirituelle Führung im Unternehmen zum Inhalt haben. Im Zuge dieser Entwicklung hört man nun auch von Vorbildern in der Gesellschaft, die so einen Bewusstseinswandel erleben, sich zu einer Klausur in ein Kloster zurückziehen oder anfangen, Yoga zu praktizieren oder zu meditieren. Somit erlebt die jahrtausendealte Tradition des Yoga jetzt weltweit einen Boom – und ein Ende ist nicht abzusehen. Seit sich immer mehr Prominente, wie Madonna, aber auch viele Schauspieler, wie Ralf Bauer, zu ihrer Yoga-Praxis bekennen, ist Yoga salonfähig geworden und wird auch von Menschen praktiziert, die dieses Konzept bis dahin abgelehnt hatten. Die Prominenz hat auch einen maßgeblichen Beitrag geleistet, den Yoga aus der belächelten und oft nicht ernst genommenen Rubrik Esoterik herauszuholen. So hat er mittlerweile immer mehr Anhänger aus den unterschiedlichsten Gesellschaftsschichten und Altersgruppen gefunden.

Heute ist Yoga ein Bestandteil der modernen Welt, und selbst in Fitness-Studios werden die diversen Spielarten von Yoga angeboten. Und es zeichnet sich noch eine neue Entwicklung ab: Yoga hält auch in vielen Unternehmen Einzug. Zuerst waren es nur Einzelne – Angestellte, Selbstständige oder Geschäftsführer –, die Yoga allein für sich zu Hause oder in ihrer Freizeit praktiziert haben und auf diese Weise Unterstützung bei der Bewältigung des Arbeitsalltags erhielten. Mittlerweile wird Yoga in immer mehr Institutionen, das heißt Firmen, Betrieben und Unternehmen, angeboten. Er soll den Mitarbeitern helfen, sich ihre körperliche und seelische Balance zu erhalten beziehungsweise sie wiederzufinden, um so den Anforderungen des Alltags besser gewachsen zu sein. Dabei wurde bislang – wie in vielen Fitness-Studios – das Augenmerk vor allem auf die Asanas, die Körperübungen, gelegt. Sie stellen eine große Hilfe dar, um die Muskulatur des Körpers systematisch zu entspannen, wenn sich einseitige Belastungen im Beruf – zum Beispiel das permanente Sitzen am PC – negativ auf das Wohlbefinden auswirken und sich in Form von Verspannungen im Hals-, Nacken- und Schulterbereich bemerkbar machen.

Doch nun ist es an der Zeit, auch die anderen Aspekte des Yoga zu berücksichtigen, denn schließlich zielt das Konzept ja auf Ganzheitlichkeit und ein höher entwickeltes Bewusstsein ab. Dieses Bewusstsein meint, dass die Menschen nicht nur ihre eigenen Interessen vertreten, sondern mit Gemeinschaftssinn zusammenarbeiten. Nur wenn wir unsere Energien auf ein gemeinsames Ziel richten – zum Beispiel auf ein positives Arbeitsklima und das wirtschaftliche Fortkommen der Firma –, kann es uns gelingen, das Unternehmen dort auch hinzuführen. Solange der Fokus auf Eigennutz oder Konkurrenz liegt, wird zu viel Energie mit diesen negativen Kräften vergeudet, was sich dementsprechend ungünstig auf den positiven Energiefluss der Firma auswirkt.

Leider ist noch immer zu wenigen Menschen klar, wie sich das eigene Bewusstsein und somit auch das eigene Verhalten auf die Arbeit, das Arbeitsumfeld und den eigenen Erfolg beziehungsweise den Erfolg des Unternehmens auswirkt. Wenn also innerhalb der eigenen Firma, der eigenen Abteilung und sogar innerhalb eines Menschen selbst viel Disharmonie herrscht, kann ein Geschäft nicht florieren. Dann ist der Energiefluss gestört und kommt ins Stocken. Dazu ein Beispiel: Behandelt ein Abteilungsleiter seine Mitarbeiter die ganze Zeit von oben herab und gibt ihnen das Gefühl, selbst etwas Besseres zu sein, kann kein positiver Energiefluss für das Unternehmen entstehen. Im Sinn des Yoga sollte eine Führungspersönlichkeit den Mitarbeitern stattdessen mit Demut begegnen und sie wertschätzen. Viele Mitarbeiter fühlen sich durch den Hochmut ihres Vorgesetzten oder Chefs erniedrigt, gedemütigt und entwertet; Demotivation und Lähmung sind die Folge. Zudem blockieren Frustration und auch Wut die Zusammenarbeit und binden positive Energien, die dem Unternehmen dann nicht mehr zur Verfügung stehen. Wenn ein Abteilungsleiter seine Mitarbeiter zum Beispiel immer kritisiert oder bei Besprechungen bewusst warten lässt, fühlen sich die Angestellten missachtet. So ein Verhalten führt langfristig dazu, dass der jeweilige Chef zwar gefürchtet, nicht aber geachtet wird. Zwangsläufig bauen sich Aggressionen auf, die sich dann irgendwann Ausdruck verschaffen. Der Benediktinermönch Anselm Grün, der mit Führungskräften in Firmen arbeitet, ist in diesem Zusammenhang zu folgendem Schluss gekommen: »Wer in der Firma nur Furcht erzeugt, der lähmt die Mitarbeiter. Nur für den Chef, den man liebt, geht man durchs Feuer. Den gefürchteten Chef lässt man im Regen stehen.«[1] Das Gleiche gilt aber auch für einen Angestellten, der seit vielen Jahren in einem Unternehmen tätig ist und nun einen jungen Kollegen einarbeiten soll. Wenn er dem Neuling nur mit Hochmut begegnet, bekommt er keinen neuen Kollegen, sondern einen Gegner. Auch hier wird dann die Energie, die beide konstruktiv für das Unternehmen einsetzen könnten, nicht genutzt beziehungsweise negativ gebündelt. Denn nur wenn die Arbeitskraft zum Wohl des Einzelnen, der Gruppe und der Welt eingesetzt wird, kann sie langfristig Früchte tragen.

Auf welche Weise die eigenen Energien nun sinnvoll genutzt und im Berufsleben positiv eingesetzt werden können, wird im Sutra des Patanjali beschrieben, einer der wichtigsten Schriften des Yoga.

Patanjali für das moderne Management

Nicht im Besiegen von Feinden oder in der aktiven Gestaltung dessen,
was uns umgibt,
liegt eine sehr weitgehende und sehr tiefe Lösung des Problems,
wie das menschliche Leiden verringert werden kann,
sondern in dem,
was wir mit unserem Geist tun.
Diese Feststellung ist der Ausgangspunkt des Sutras.
Es geht darum,
das meinende, denkende Selbst zu erforschen und zu verstehen.
Das Sutra inspiriert uns,
ihm auf die Schliche zu kommen,
um einen klaren Weg aus Schwierigkeiten zu finden.

R. Sriram

Sutra bedeutet so viel wie Leitfaden und ist eine Dichtungsform des Sanskrit, der alten Sprache Indiens. Das Sutra des Patanjali gebraucht keine grammatikalisch vollständigen Sätze, denn es verzichtet auf alle Worte, die für die Sinngebung überflüssig sind. Dadurch ist der Leser aufgefordert, die Sätze immer in Verbindung zu den anderen zu betrachten, jeden Einzelsatz als wichtiges Glied genau zu verstehen, um ihn dann im Zusammenhang mit den anderen Sätzen des Sutras zu deuten. So gesehen gleicht der Zusammenhang der einzelnen Sätze – laut Sriram – einer Perlenkette, die aus einem Faden besteht, der die einzelnen kostbaren Perlen zusammenhält.[2]

In den letzten Jahrzehnten wurde das Sutra des Patanjali immer wieder neu von außergewöhnlichen Yoga-Lehrern wie Sri T. Krishnamacharya, Sri T. K. V. Desikachar[3] oder R. Sriram[4] übersetzt, wodurch es auf unsere Zeit mit ihren aktuellen Fragen, Belangen und Nöten anwendbar ist. Da der Geist des modernen Menschen im Grunde nicht anders funktioniert als der eines Menschen, der vor 2000 Jahren gelebt hat, kann das Sutra auch heute helfen, den Geist besser zu verstehen. Der Mensch lernt dann, so mit ihm umzugehen, dass er seinen Geist beherrscht, anstatt von ihm beherrscht zu werden. Durchschauen wir die Struktur unseres Geistes, sind wir in der Lage zu erkennen, wie wir mit den eigenen Fähigkeiten und eigenen Grenzen umgehen können. Auf das Berufsleben bezogen bedeutet dies, dass wir uns nicht überfordern, um äußeren Vorbildern nachzueifern. Gelingt uns das, werden wir – laut dem Sutra des Patanjali – frei von äußeren Anhaftungen und inneren Zwängen, um schließlich mit unserem tiefsten Selbst, dem unendlichen und vollkommenen Bewusstseinsfeld und somit dem Göttlichen in Kontakt zu kommen.

Das Wissen vom menschlichen Wesen

Ich weiß,
dass ich die Dinge nicht so sehe,
wie sie sind –
ich sehe die Dinge so,
wie ich bin.

Laurel Lee

Im Sutra des Patanjali ist das ganze Wissen des Yoga – und damit gleichzeitig das ganze Wissen über das menschliche Wesen – systematisch zusammengefasst. Ob es sich bei dem Verfasser um einen einzelnen Gelehrten oder um eine Gelehrtenschule handelt, ist nicht bekannt. Es wird in diesem Sutra die Funktionsweise unseres Geistes beschrieben und aufgezeigt, weshalb wir so viel und so oft leiden. Unsere täglichen Handlungen werden bewusst oder unbewusst durch unser Bewusstsein und durch unseren Geist bestimmt. Dieser ist auf Grund verschiedener Faktoren jedoch meist unklar und von großem Leid gekennzeichnet.

Wie unruhig unser Geist ist, wird den meisten Menschen erst klar, wenn sie sich etwas Ruhe gönnen oder wenn das Leben sie zu einer Ruhepause zwingt – zum Beispiel wegen einer Krankheit. Erst dann erkennen wir, wie sehr unser Leben von Unruhe bestimmt ist und in welchem Maße wir damit beschäftigt sind, Äußerlichkeiten wie etwa sozialem und wirtschaftlichem Erfolg hinterherzujagen.

Aber selbst wenn wir uns nur ein paar Momente Ruhe gönnen, die Augen schließen und uns auf unsere Atmung konzentrieren, merken wir, wie rast- und ruhelos unser Geist sich verhält. Schließen Sie jetzt einfach mal die Augen, atmen Sie tief durch und konzentrieren Sie sich nur auf Ihren Atem, dann werden Sie gleich verstehen, was mit dieser Aussage gemeint ist. Un-

ruhig und zerstreut springt der Geist permanent zwischen zahllosen Gedanken hin und her. Oft sind es Ereignisse aus der Vergangenheit oder Geschehnisse in der Zukunft, mit denen er sich beschäftigt. Besonders deutlich wird vielen Menschen dieses Phänomen, wenn sie einen längeren Urlaub planen oder in den Ferien sind. Schon vor der Reise fällt uns dauernd ein, was wir der Kollegin für die Zeit unserer Abwesenheit noch alles erklären müssen, und wenn wir dann im Urlaub an einem wunderschönen Strand liegen, gehen uns viele Gedanken an die Arbeit durch den Kopf. Bis sich der Geist in einem solchen Fall beruhigt, kann es einige Tage dauern, im ungünstigsten Fall sind wir erst am Ende der Ferien so weit – wir haben dann das Gefühl, dass der Urlaub jetzt eigentlich anfangen könnte. Manche Menschen, die sich für unersetzlich halten, sind für die Firma sogar noch im Urlaub erreichbar und somit nicht in der Lage, wirklich abzuschalten. Auch hier lehrt uns der Yoga, wie wichtig es ist loszulassen – was schlichtweg bedeutet, für die Firma im Urlaub nicht da zu sein.
Aber auch in anderen Situationen, zum Beispiel am Wochenende oder nach Feierabend, sind wir oft in Gedanken noch am Arbeitsplatz. Anstatt den Abend zur Regeneration und zur Entspannung zu nutzen, halten wir die Anspannung aufrecht, schlafen schlecht und gehen, wenn uns unerledigte Arbeiten und bevorstehende Termine arg zusetzen, am nächsten Morgen müde und wie erschlagen in die Firma. Es ist aber natürlich auch möglich, dass unser Geist sich mit vergangenen, schönen Ereignissen beschäftigt oder sich etwas besonders Erfreuliches in der Zukunft vorstellt – etwa, wie stolz man auf seine Beförderung war oder dass eine Gehaltserhöhung einem mehr Sicherheit gäbe. Trifft dieser Zustand dann ein, dauert es nicht lange, bis ein anderes Bedürfnis in uns wach wird und wir unser ganzes Wohlbefinden dann davon abhängig machen.
Dieses gedankliche Hin- und Herwandern zwischen gestern und morgen, aber auch zwischen Abneigungen und Wünschen hat zur Folge, dass unsere Handlungen zerstreut werden, wir

uns gestresst fühlen und uns folglich nicht mehr entspannen können. Generell gilt: Je zerstreuter wir sind, desto gestresster fühlen wir uns. Dies kann so weit gehen, dass wir uns am Ende eines Tages müde und erschöpft fühlen, es besteht jedoch auch die Möglichkeit, dass wir langfristig körperlich oder psychisch krank werden. Indem unser Geist permanent zwischen gestern und morgen, Unerledigtem und Verpasstem hin und her springt, gelingt es ihm nicht, sich auf den gegenwärtigen Moment und auf das, was wir gerade tun, zu konzentrieren. Somit ist der Geist einer permanenten Flut von Eindrücken ausgesetzt, die er verarbeiten muss. Schafft er das im Lauf des Tages nicht, arbeitet er in der Nacht weiter. Er findet keine Ruhe.

Aber leider weiß jeder Mensch aus eigener Erfahrung, wie schwer es ist, sich dem Stress des Alltags zu entziehen und den Geist in eine positive Richtung zu lenken. Der Geist wehrt sich nämlich mit allen Mitteln dagegen, seine Strukturen zu verändern und zur Ruhe zu kommen. Aber was genau ist es nun, das unseren Geist daran hindert, sich zu beruhigen und sich ganz und gar dem Geschehen des gegenwärtigen Augenblicks hinzugeben, dem Hier und Jetzt? Was ist es, das uns immer wieder von uns selbst ablenkt, sodass wir nicht herausfinden, was uns antreibt und unruhig werden lässt? Dem Sutra des Patanjali zufolge ist es das Bewusstseinsfeld in uns, das so genannte Citta, auf dem sich Wahrnehmungen, Erinnerungen, Gefühle, Empfindungen, Gedanken und Phantasien abspielen und das es somit zu ergründen gilt.

Es bedarf eines großen Maßes an Aufmerksamkeit, um dieses Citta zu ergründen und zu erkennen, was genau den Geist daran hindert, zur Ruhe zu kommen. Erkennen wir die Widerstände und Barrieren nicht, können wir körperlich krank oder emotional instabil und depressiv werden. Die meisten Menschen beginnen erst an diesem Punkt, nach den Ursachen für das Leid in ihrem Leben und dem Grund für ihre Unruhe zu forschen und dann nach Wegen zu suchen, die zu mehr Ausgeglichenheit führen.

Wenn wir uns jedoch jeden Tag ein wenig Zeit nehmen und

uns durch die Yoga-Praxis selbst zuwenden, werden wir langsam fähig, die Unruhe in unserem Geist zu bemerken und ihm die notwendige Aufmerksamkeit entgegenzubringen, damit er sich im Lauf der Zeit beruhigen kann. Die alten Yogis gestehen unserem Geist die Kraft eines Pferdes zu, das es zu zähmen gilt. Vielen ist sicher aus eigener Erfahrung bekannt, wie viel Kraft und Aufmerksamkeit es oft und immer wieder braucht, um bestimmte Vorsätze, wie regelmäßiges Sporttreiben, Verzicht auf Alkohol etc., durchzuhalten.
Wenn wir die Muster unseres Geistes durchschauen und erkennen, wie schwer er sich tut, alte Gewohnheiten zu verändern, dann können wir einen unbeschreiblich wertvollen Reinigungs- und Klärungsprozess in Gang setzen, der uns dann hilft, entspannter zu leben und darüber hinaus noch einen tiefen inneren Frieden zu finden. So können wir zum Beispiel durch die Meditation – ein Aspekt des Sutra des Patanjali – mit einem inneren Ort der Stille in Kontakt kommen. Zudem gelingt es uns dann oft, uns von all den vorgefassten Meinungen und Vorstellungen zu lösen, die uns hindern, andere Menschen, uns selbst und das Leben als solches wirklich zu verstehen. Die Folge ist, dass wir bewusster, achtsamer und auch offener werden und sich uns auf einmal die Möglichkeit eröffnet, einen anderen Menschen, zum Beispiel einen Arbeitskollegen, den wir lange abgelehnt haben, in seiner Tiefe, in seiner Freude und in all seinem Leid zu verstehen und uns von seinem Anderssein berühren zu lassen. Wenn wir hinter die Fassade eines Menschen schauen, der zum Beispiel aggressiv ist, dann können wir erkennen, dass er sich in seinem tiefsten Innern vielleicht sehr verletzt oder hilflos fühlt. Dies zeigt die folgende Geschichte:

♥ Die Geschichte vom betrunkenen Arbeiter

Es geschah an einem Nachmittag in Frankfurt. Als die S-Bahn an einer Haltestelle anhielt, stieg ein Mann ein, der heftig bösartige Flüche ausstieß. Er trug Arbeitskleidung, war klein, betrunken und schmutzig. Laut schimpfend rempelte er eine Frau mit einem Baby auf dem Arm an. Ein kräftiger junger Mann wollte sich schützend zwischen den Betrunkenen und die Frau stellen. Der Arbeiter bemerkte den jungen Mann und seine Absicht und pöbelte ihn an: »Na, komm schon, Bursche! Ich werde dir schon zeigen, wer von uns beiden der Stärkere ist.« In dem Moment, als der junge Mann den Betrunkenen außer Gefecht setzen wollte, stieß ein alter Mann ein lautes »Aufhören« hervor. Es war ein alter Mann mit makelloser Kleidung. Er beachtete den jungen Mann kaum und strahlte stattdessen den Arbeiter an, als ob er ein bedeutsames Geheimnis mit ihm zu teilen hätte. »Komm her und rede mit mir!«, sagte der Alte. Der Arbeiter ging auf ihn zu und schimpfte: »Warum zum Teufel soll ich denn mit dir reden?« Der Alte blieb unbeeindruckt und strahlte den Arbeiter weiterhin an: »Du hast getrunken, nicht wahr?« »Ja, ich habe Rotwein getrunken. Aber das geht dich gar nichts an.« »So, Rotwein!«, antwortete der Alte. »Der schmeckt mir auch. Wo hast du ihn getrunken?« So verwickelte der Alte den Arbeiter langsam in ein Gespräch. Die Skepsis und Aggression, die der Arbeiter dem Alten gegenüber anfangs an den Tag gelegt hatte, wichen immer mehr. Im Lauf der Unterhaltung erfuhr der Alte, dass der Arbeiter vor zwei Monaten seine Frau verloren hatte und dass ihm heute gekündigt worden war. Es dauerte keine halbe Stunde, da brach der Arbeiter in Tränen aus und schüttete dem Alten, der ihm ganz aufmerksam zuhörte, sein ganzes Herz aus. Seit Monaten hatte der Arbeiter endlich das Gefühl, einen Menschen vor sich zu haben, der ihm zuhörte und seinen Kummer verstand.

Wie die Geschichte zeigt, sind es manchmal traurige Ereignisse, die einen Menschen dazu bringen können, aggressiv zu werden. Bisweilen haben wir selbst einen Arbeitskollegen in unserem Umfeld, der missmutig oder aggressiv wirkt. Wenn wir ihm aber einmal ein Ohr oder unsere Aufmerksamkeit schenken, kann es passieren, dass wir die wahren Gründe erfahren, die zu diesem Verhalten geführt haben.

Fünf Gründe für unseren Stress

Sei ein Meister
und nicht ein Sklave der Arbeit.
Arbeite nicht aus Pflicht,
sondern aus Liebe.

Swami Vivekananda

Dem Sutra zufolge besitzt jeder Mensch die Fähigkeit, mit dem Ort der Stille in sich in Kontakt zu kommen, den eigenen Geist zu erziehen und eine klare Wahrnehmungsfähigkeit zu entwickeln. Aber leider stellt sich uns gleichzeitig immer wieder etwas in den Weg, das uns daran hindert, die Dinge so zu sehen, wie sie sind. Normalerweise hat unser Geist eine Vielzahl von Konzepten und Vorstellungen von anderen Menschen, von uns selbst und von der Welt entwickelt, wodurch es uns nicht mehr möglich erscheint, etwas wirklich aus der Tiefe heraus zu verstehen. Genau dieses Nichtverstehen ist es jedoch, das im Zusammenleben und in der Zusammenarbeit mit anderen Menschen zu großen, oftmals unüberwindbar scheinenden Schwierigkeiten führt.

Dem Sutra des Patanjali zufolge sind es fünf Hindernisse, die auch sehr detailliert dargestellt werden. Diese fünf Hindernisse – die subjektive Wahrnehmung, die Ichbezogenheit, die Gier, die Ablehnung und die Angst – sind so stark, dass sie in einem Menschen großes Leid erzeugen und innere und äußere Unruhe auslösen können. Es handelt sich dabei um kosmische Urkräfte, die jedem Menschen innewohnen und die durch uns hindurch wirken können – ganz unabhängig davon, wie arm oder vermögend, wie gut aussehend oder hässlich, wie intelligent oder ungebildet derjenige auch sein mag.

Diese Hindernisse, die – wenn sie unbewusst durch uns hindurch wirken – als belastende Kräfte angesehen werden, gehören von Beginn an zum menschlichen Dasein und sind tief in uns verwurzelt. Sie drängen unsere Wahrnehmung und unser Verhalten immer wieder in eine bestimmte Richtung, woraus dann Leid und Unzufriedenheit entstehen. Durch diese Hindernisse können bestimmte Dinge, von denen wir glauben, dass sie unser Glück ausmachen, eine magnetische Anziehung auf uns ausüben. Manchmal, etwa im Fall der Ichbezogenheit, sind wir zum Beispiel von einer beruflichen Idee so getrieben, dass wir andere und auch uns selbst dabei übergehen, nur um diese Idee zu realisieren. Dabei kann es dann passieren, dass wir für dieses Hindernis blind sind, unsere Mitmenschen es jedoch wahrnehmen.

Grund Nummer 1: Subjektive Wahrnehmung

> Wir glauben normalerweise,
> dass unsere Wahrnehmungen richtig sind,
> und verlassen uns auf sie.
> Der Buddha aber hat erkannt,
> dass das ein Irrtum ist und die meisten
> unserer Wahrnehmungen falsch sind.
> Wir müssen es uns angewöhnen,
> uns stets zu fragen,
> ob wir unseren Wahrnehmungen wirklich trauen können.
>
> *Thich Nhat Hanh*

Unsere Sicht von der Welt, von unseren Vorgesetzten und von unseren Arbeitskollegen ist geprägt durch unsere Kultur, unsere Erziehung und durch unsere Persönlichkeit. Das hat zur Folge, dass wir die Dinge immer nur durch unsere eigene Brille und von unserer eigenen Wahrnehmung gefärbt betrachten. Ein Grund für Stress und Schwierigkeiten am Arbeitsplatz ist somit oft unsere eigene subjektive Wahrnehmung, die uns behindert. Die folgende Geschichte veranschaulicht auf wundervolle Weise, was damit gemeint ist:

♥ Die Betrachtung des Apfelbaums

Fünf Leute betrachten denselben Apfelbaum und fünf Leute sehen etwas völlig Unterschiedliches: Der eine sieht die Äpfel und denkt an Apfelmus. Der andere sieht nur die Blätter, die er im Herbst zusammenkehren muss. Ein Schnitzer denkt wahrscheinlich: Gutes Holz, schlechtes Holz, kann man für dies und jenes benutzen. Ein Maler sieht die Farben und die Form und denkt vielleicht gar nicht daran, was man mit den Äpfeln alles machen kann. So sieht jeder den Teil der Wirklichkeit, der zum eigenen kleinen inneren Universum gehört.[5]

Wie in dieser kleinen Geschichte von Pyar Troll deutlich wird, haben wir die Tendenz, die Welt immer aus unserer eigenen subjektiven Sicht zu betrachten, und sind somit nicht in der Lage, die Dinge so zu sehen, wie sie wirklich sind – selbst dann nicht, wenn wir meinen, etwas objektiv zu betrachten. Auf der einen Seite ist es natürlich notwendig, im Beruf eine eigene Meinung und einen eigenen Standpunkt zu vertreten, doch auf der anderen Seite ist es auch immer wieder wichtig zu bedenken, dass unsere Perspektive nur eine von tausenden ist. Das bedeutet zum Beispiel, dass wir in einem Gespräch am Arbeitsplatz lernen, uns von unserer eigenen Sichtweise etwas zu distanzieren und unserem Gegenüber mit Verständnis für seine Sichtweise zu begegnen. Diese Offenheit kann eine Bereicherung für uns selbst sein, ist aber auch bei der Durchführung eines Projekts konstruktiv und für die Firma von Nutzen.

Grund Nummer 2: Ichbezogenheit

Frage dich nicht:
»Was bleibt für mich,
wenn ich dies
jemand anderem schenke?«
Frage dich vielmehr:
»Wozu sollte es wohl gut sein,
etwas zu besitzen,
wenn ich es nicht
jemand anderem
schenken kann?«

Meister Shantideva

Das zweite Hindernis, eine starke Ichbezogenheit nämlich, ist ebenfalls oft ein Grund, weshalb wir nicht entspannen können. Dieses Hindernis hängt unmittelbar mit dem ersten zusammen, denn auch hier spielen die Wahrnehmung, die Einschätzung und meist auch die Überbewertung der eigenen Person eine wichtige Rolle. Viele Menschen stellen zum Beispiel ihr eigenes Bedürfnis, etwa rasch auf der Karriereleiter aufzusteigen, in den Vordergrund, anstatt die Arbeit für alle zu erleichtern oder sich als Teil eines Teams für die gemeinsame Sache und damit für das Wohl aller einzusetzen. Dadurch stehen wir im Arbeitsleben oft unter hohem Konkurrenzdruck. Dieses Konkurrenzdenken kann zur Folge haben, dass man Situationen im Arbeitsleben nicht mehr sachlich beurteilt, sondern von eigenen Emotionen wie Neid oder Angst beeinflusst wird. Ichbezogenheit findet sich sowohl in kleinen wie auch in großen Unternehmen. So beschreibt Edzard Reuter, früherer Chef der Firma Daimler Benz, in seinen Erinnerungen, wie stark ein so großer Konzern wie Daimler Benz unter den Eifersüchteleien zwischen den Vorstandskollegen zu leiden hatte. Laut Reuter hatte jeder seine eigenen Vorlieben, für die er kämpfte, doch gaben alle vordergründig vor, sich für die gemeinsame Sache stark zu machen; in Wirklichkeit ging es jedem nur um die eigene Macht, die persönliche Eitelkeit und um Anerkennung von außen. In einem solchen Fall wird die Energie nicht für die Firma eingesetzt, sondern es verwendet jeder »seine Energie nur darauf, das Entstehen von gegen ihn gerichteten Koalitionen im Keim zu ersticken, dafür aber Unverträglichkeiten zwischen Kollegen zu fördern«.[6] Wenn es also in einem Unternehmen jedem nur um die eigenen Belange geht und die Ichbezogenheit überhand nimmt, kann weder eine gute Führung entstehen noch eine konstruktive Zusammenarbeit möglich sein. Was Reuter hier exemplarisch auf die Führungsebene bezieht, kommt in allen anderen Bereichen einer Firma ebenso vor. Einem Unternehmen, in dem die Durchsetzung der eigenen Bedürfnisse und somit die Ichbezogenheit im Vordergrund steht, gehen die meisten Energien verloren, weil jeder nur um persönliche Macht und Einfluss kämpft.

Nur wer wirkliche Weisheit und wirkliche Stärke besitzt, ist bemüht, nicht ichbezogen zu denken, sondern das »Wir« in den Vordergrund zu stellen. So jemand ist dann auch in der Lage, schwächere Mitarbeiter oder Kollegen im Team zu unterstützen – wie es die folgende Geschichte zeigt:

♥ Von Ichbezogenheit und Mitgefühl

Ein besonders ehrgeiziger Angestellter, der ein starkes Konkurrenzdenken seinen Mitarbeitern gegenüber aufwies, ging zu seinem Chef, um ihm zu sagen, dass ein Kollege einen bestimmten Arbeitsgang nach dreimonatiger Einarbeitungszeit immer noch nicht so gut beherrschte, wie es der Junge tat. Er erzählte dem Chef, welche zeitlichen Verzögerungen durch die Unkenntnis des Kollegen entstehen würden, und hoffte darauf, dass der Chef ihn befördern oder den anderen entlassen würde. Dieser aber ließ den Jungen ausreden. Danach saßen sie eine Weile schweigend zusammen, und der Chef antwortete: »Also, wenn ich an deiner Stelle wäre, dann würde ich deinem Kollegen anbieten, ihm nach Feierabend noch einmal in aller Ruhe zu erklären, wie dieser Arbeitsgang so zu vollziehen ist, dass er nicht so viel Zeit dafür benötigt.«

Grund Nummer 3: Gier

Reichtum ist wie das Salz,
das den Speisen Geschmack verleiht.
Wer jedoch zu viel Salzwasser trinkt,
vermehrt dadurch seinen Durst.

Rabbi Simcha Bunin

Wer kennt das nicht: Wir sehen im Schaufenster ein wunderschönes Kleid, im Asienshop ein besonders schönes Meditationskissen oder in der Kinowerbung ein besonders schönes Auto und wollen es unbedingt haben. Unsere Gedanken kreisen dann immer mehr um diesen Gegenstand, bis er endlich in unseren Besitz gelangt. Dann sind wir für kurze Zeit zufrieden, bis uns wieder etwas anderes begegnet, von dem wir glauben, es unbedingt haben zu müssen. Getrieben von unserer Gier sind wir oft unser ganzes Leben damit beschäftigt, sie immer wieder aufs Neue zu befriedigen.

Im Berufsalltag kann sich Gier äußern, indem wir zum Beispiel eine bestimmte Position unbedingt erreichen möchten. Die Folge ist dann, dass wir ununterbrochen arbeiten, uns keine Zeit mehr zur Erholung gönnen und auch am Wochenende in die Firma gehen. Es ist zwar möglich, dass wir auf diese Weise kurzfristig unserem Ziel näher kommen, langfristig aber wird unser Körper die Ruhe einfordern, die ihm nicht zuteil wird. Dann tritt womöglich ein Herzinfarkt ein, oder man fühlt sich plötzlich ausgebrannt. Gier kann aber auch zur Folge haben, dass eine Beziehung oder Ehe in die Brüche geht, weil der berufliche Erfolg wichtiger geworden ist als eine erfüllende Partnerschaft.

Leider kann die Gier hier ein solches Ausmaß annehmen, dass sich der eine oder andere Mensch dadurch dazu verleiten lässt, illegale Geschäfte zu machen, Steuern zu hinterziehen oder die eigene Firma zu übervorteilen, wie immer wieder in der Presse zu lesen steht.
Darüber hinaus hindert uns die Gier auch oft, mit dem zufrieden zu sein, was wir haben oder was wir bekommen. Wie das aussehen kann, zeigt die folgende Geschichte:

♥ Neun Goldbarren

Im Traum sah Herr Maier, ein ehrgeiziger Geschäftsmann, wie ihm mehrere Goldbarren in die Hand gezählt wurden. Als er bereits neun Goldbarren hatte, hörte der unsichtbare Geber auf. »Ich muss aber unbedingt zehn Barren haben!«, rief Herr Maier so laut, dass er davon aufwachte. Als er merkte, dass die Goldbarren wieder verschwunden waren, schloss er reumütig die Augen und murmelte flehend: »Na schön, gib sie her, ich bin auch mit neun Barren zufrieden.«[7]

Grund Nummer 4: Abneigung

Gelingt es Ihnen nicht,
gütig zu anderen zu sein,
dann fügen Sie ihnen wenigstens
kein Leid und keinen Schaden zu.

Seine Heiligkeit der Vierzehnte Dalai Lama

Im gleichen Maß, wie die Gier für uns ein Hindernis darstellt, so kann uns auch die Abneigung davon abhalten, im Sinn des Yoga zu leben und zu arbeiten. Die Folge ist, dass wir zum Beispiel Arbeitsvorgänge aufschieben – die Ablage, Telefonate oder ein Diktat –, weil wir eine starke Abneigung empfinden, die jeweilige Sache sofort zu erledigen. Im Sinn des Yoga ist es aber unerheblich, was man tut, da alle Tätigkeiten gleichwertig sind, solange man nur mit dem Herzen handelt und mit dem Bewusstsein, dass letztendlich alles göttlich ist. So gesehen ist es dann eigentlich auch unerheblich, mit wem wir zusammenarbeiten, weil es nämlich darum geht, das eigene Herz jedem Menschen und jedem Wesen zu öffnen. Solange wir unser Gegenüber in der Arbeit ablehnen, verschwenden wir viel Energie mit diesen negativen Gefühlen, die sich erheblich konstruktiver einsetzen ließen, wenn wir unser Gegenüber einfach so annehmen könnten, wie es ist. Die folgende Geschichte hat diese Thematik zum Inhalt:

♥ Der Gärtner und der Löwenzahn

Ein junger Inder namens Ravi entschloss sich, einen Blumengarten anzulegen. Er bereitete den Boden vor und pflanzte die Samen vieler wunderschöner Blumen ein, die auf Sri Lanka wuchsen. Doch als die verschiedensten Blumen aufgingen, wucherte überall gleichzeitig der Löwenzahn. Ravi wollte aber nur ausgewählte, besondere Blumen in seinem Garten haben, und deshalb suchte er Rat bei allen anderen Gärtnern der Region. Sie gaben ihm Mittel und Ratschläge, wie er den Löwenzahn loswerden könnte. Der Erfolg war mäßig, denn bereits nach kurzer Zeit wucherte der Löwenzahn wieder in Ravis Garten. Schließlich fuhr Ravi nach Colombo, um dort bei einem über das Land hinaus bekannten Gärtner vorzusprechen. Der weise alte Mann hatte schon viele Gärtner beraten. Nachdem Ravi sein Anliegen dargelegt hatte, saßen die beiden schweigend zusammen, bis der Gärtner Ravi schließlich anschaute und sagte: »Nun, dann schlage ich vor, du lernst, den Löwenzahn zu lieben.«

Grund Nummer 5: Angst

Die Aufgabe jedes Menschen ist es,
sein höchstes Potenzial zu erkennen und zu verwirklichen.
Gelingt ihm das, entsteht jene Erfüllung,
aus welcher Freude und Dankbarkeit erwachsen.
Nur so entsteht echte Motivation, Reichtum und Lebenssinn.

Michael Weiss

Ein weiteres großes Hindernis im Leben der meisten Menschen stellt die Angst dar. Wir haben Angst vor Arbeitslosigkeit, Angst, nicht gut zu sein, Angst, nicht genügend zu leisten, Angst, nicht genug zu haben oder zu bekommen, Angst vor Mitarbeitern, Angst vor dem Chef oder anderen Autoritäten. Aber auch eine diffuse, permanent bestehende Angst vor Veränderung und Vergänglichkeit führt dazu, dass der Mensch sich an äußerlichen Sicherheiten festhält. Selbst wenn wir versuchen, uns auf der materiellen Ebene abzusichern, wissen wir doch nie, was uns in der nächsten Stunde erwartet und ob wir den morgigen Tag überhaupt noch erleben. Gerade die heutige Zeit lehrt uns durch Terroranschläge und Naturkatastrophen, dass es letztendlich keine äußere Sicherheit gibt.

Im Berufsleben können wir zum Beispiel Angst davor haben, dass einem Kollegen mehr Achtung und Anerkennung im Unternehmen zuteil wird als uns selbst. Aus diesem Grund spielen wir ihm dann vielleicht nicht alle Informationen zu, die er benötigt. Die Folge kann sein, dass er bei der Erledigung seiner Arbeiten vielleicht in Verzug gerät oder irgendwie sonst Schwierigkeiten bekommt. In einem solchen Fall fällt durch unsere Angst dann ein schlechtes Licht auf den Kollegen.

Eine andere Form von Angst ist die Auffassung von Vorgesetzten, ihre Mitarbeiter ständig kontrollieren zu müssen. Dieses Kontrollverhalten beruht häufig auf einem Mangel an Vertrauen in die Mitarbeiter. Es kann zwar Fehler verhindern, setzt

aber keine positiven Energien frei, die für eine konstruktive Zusammenarbeit notwendig sind.
Ein solcher Vorgesetzter sollte versuchen, seine eigene Angst zu überwinden und gleichzeitig sein Personal zu ermutigen, wie die folgende Geschichte der Vögel im übertragenen Sinn zeigt:

♥ Vom Fliegen

»Kommt her zum Rand«, sagte er. Sie sagten: »Wir haben Angst.«
»Kommt her zum Rand«, sagte er. Sie kamen. Er schubste sie – und sie flogen.

Mit Hilfe des Yoga können wir uns bewusst machen, dass Kräfte wie Angst, Ablehnung, Gier, Ichbezogenheit oder subjektive Wahrnehmung durch uns hindurch wirken. Schenken wir ihnen die entsprechende Aufmerksamkeit, lernen wir, besser mit ihnen umzugehen. Dann werden wir nicht mehr blind von ihnen beherrscht, sondern sind in der Lage, sie bewusst wahrzunehmen, und lernen, sie unter Kontrolle zu haben.

TEIL 2

Der Dumme, der Abergläubische, der Unaufmerksame,
der Zerstreute, der Depressive, der Unglückliche,
der Mürrische, der Ermüdete, der Überspannte –
sie alle sind nicht die Herren über sich selbst,
sie werden von Zufällen übermannt und überrollt.
Aber auch der nur Kluge, der Ehrgeizige, der Eitle,
sie verfallen der Hybris ihrer Wünsche und Süchte,
an denen sie sich verzehren.
Doch könnten sie kraft ihrer Begabungen sich zum
geistigen Menschen hin entwickeln.

Nur der Reife, der Heilige und der Weise
entfalten sich zu Herren des Daseins,
weil sie immer zugleich Diener des Daseins bleiben
und weil sie es auf dornigem Weg der Askese,
der Übung lernen,
ihr kleines Ich in der rechten Weise in das große Weltall
einzufügen.[8]

Wladimir Lindenberg

Das Prinzip der Achtsamkeit

> Wenn die Kraft der Achtsamkeit
> und des mitfühlenden Zuhörens in dir ist,
> kann deine Gegenwart eine heilende und
> beruhigende Wirkung auf andere ausüben.
> Du brauchst nur dazusitzen
> und dem Menschen,
> der sich dir anvertraut, zuzuhören.
>
> *Thich Nhat Hanh*

Während viele Menschen damit beschäftigt sind, ihre Ängste und ihre Gier mehr oder weniger bewusst oder auch unbewusst zu unterdrücken, geht es im Sinn des Yoga-Sutra des Patanjali darum, beide durch Achtsamkeit zu erkennen und zu lernen, entsprechend mit ihnen umzugehen. Das heißt, je mehr wir mit unserer Aufmerksamkeit bei dem sind, was wir gerade tun, desto eher erkennen wir, welches der Hindernisse durch uns hindurch wirkt und Stress in uns auslöst. Denn nur wer sich selbst erforscht und um die eigenen Gedanken und Gefühle weiß, kann die volle Selbstverantwortung für sein Denken und Handeln übernehmen. Dann müssen wir zum Beispiel am Arbeitsplatz die Schuld nicht mehr ausschließlich bei anderen suchen, sondern können erkennen, wie groß der eigene Anteil ist, den wir etwa zu einer missglückten Präsentation oder bei einer verspäteten Warenauslieferung geleistet haben.

Da sich gemäß dem Yoga-Sutra des Patanjali keines dieser Hindernisse vollkommen überwinden lässt, spielt die Achtsamkeit eine große Rolle, da sie uns zumindest hilft, eine gewisse Wachheit und Klarheit im Umgang mit diesen Hindernissen zu entwickeln. Aber selbst in Momenten, wenn kein Hindernis vorhanden ist, ist es wichtig, achtsam zu sein, denn der Mensch neigt dazu, den Zustand vorübergehender Klarheit mit einem andauernden Gefühl von Klarheit zu verwechseln. Gerade in so einem Moment besteht also die Gefahr der Unachtsamkeit, weil man nämlich das Gefühl hat, dass die Ursachen des Leides nun nicht mehr auf unseren Geist einwirken werden. Deshalb wird im Yoga-Sutra empfohlen, besonders die Momente zu nutzen, in denen die Hindernisse nicht so stark durch uns hindurch wirken, um sie dann auch auf ihren Ursprung hin zu untersuchen. Je wachsamer wir also sind und je mehr wir uns im Hier und Jetzt befinden, desto eher bemerken wir, wann eines der Hindernisse auftaucht und den Geist beunruhigt.

Am Arbeitsplatz eine gewisse Achtsamkeit zu entwickeln fällt den meisten Menschen sehr schwer. Oft sagen sie, dass sie keine Zeit hätten, Praktiken wie Yoga zu üben, um auf diese Weise zu mehr Achtsamkeit zu gelangen. Doch letztendlich wird jeder rasch merken, wie viel Zeit er spart, wenn er seine Arbeit mit mehr Achtsamkeit und nicht nur auf die Schnelle durchführt und auch für seine Kollegen und Mitarbeiter mehr Achtsamkeit entwickelt. Dann werden auch wichtige Gespräche nicht mehr zwischen Tür und Angel geführt.

Als besonders hilfreiches Werkzeug werden im Yoga-Sutra des Patanjali verschiedene Praktiken aufgeführt, die uns helfen, rechtzeitig zu realisieren, wann das entsprechende Hindernis wieder durch uns hindurch wirkt. An einfacheren Mitteln nennt das Yoga-Sutra zum Beispiel ein Gebet oder ein Gespräch. An späterer Stelle wird im Yoga-Sutra dann ein Weg aufgezeigt, der alle Aspekte miteinander verbindet und sämtliche Dimensionen des menschlichen Seins berücksichtigt. Es handelt sich hierbei um den »achtstufigen Pfad« des Patanjali, wobei alle acht Stufen auch als die Speichen eines Rades bezeichnet werden können, die zusammen zum gleichen Ziel führen.

Die Speichen eines Rades

> Lerne jenes Großartige,
> das dich im Innersten ausmacht,
> wie die Achse zu sehen,
> um welche die Gestirne sich drehen.
>
> *Yoga-Sutra des Patanjali*

Der achtstufige Pfad des Patanjali stellt auch heute noch, über 2000 Jahre, nachdem er verfasst wurde, eine große Hilfe für den Menschen dar, um den Geist zu beruhigen, Körper und Geist zu vereinen und inneren Frieden zu erlangen. Erst dann können wir die Anforderungen des Alltags meistern und den steigenden Ansprüchen der Arbeitswelt gerecht werden.

Im Yoga-Sutra wird jeder Stufe beziehungsweise jeder Speiche die gleiche Bedeutung beigemessen. Was damit im übertragenen Sinn gemeint ist, wird deutlich, wenn man sich vorstellt, dass auch ein Fahrrad nicht funktionstüchtig ist, wenn drei von acht Speichen des Rades gebrochen sind; man kann dann nicht damit fahren. Erst alle Elemente zusammen führen also dazu, dass ein Mensch aus einer tieferen Quelle schöpft und inneren Frieden erlangt. So spielt ein respektvoller und achtsamer Umgang mit anderen (Stufe 1), also mit den Mitarbeitern, Arbeitnehmern, dem Chef, den Angestellten, dem Geschäftspartner oder mit den Kunden, eine genauso große Rolle wie ein achtsamer und respektvoller Umgang mit den eigenen Kräften und Ressourcen (Stufe 2). Denn nur wenn wir ein Bewusstsein dafür entwickeln, die Energien gemeinsam mit unseren Mitmenschen im Sinn des Unternehmens und zum Wohl aller Wesen auf dieser Welt zu bündeln, können wir ein Unternehmen auch auf einer tieferen Ebene zum Erfolg führen. Und nur wenn wir uns der eigenen Kräfte und Grenzen bewusst sind, sind wir in der Lage, unseren Arbeitsalltag langfristig zufrieden

stellend zu absolvieren. Durch einen respektvolleren Umgang mit unseren Kollegen ernten wir außerdem Respekt, was zu mehr Selbstvertrauen und zu einem stabileren Selbstwertgefühl führt, das wir benötigen, um nicht alles zu persönlich zu nehmen und gelassener zu werden. Lassen wir uns nicht alles unter die Haut gehen, gelingt es uns auch, bei der Arbeit großzügiger mit Kritik umzugehen, und wir können früher oder später ein Bewusstsein entwickeln, das dem Wohl aller Menschen sowie dem Wohl der Natur dient. Aber auch die Körper- und Atemübungen (Stufe 3 und Stufe 4) spielen eine große Rolle, da sie uns unterstützen, zum einen ein tieferes Körperbewusstsein zu entwickeln und zum anderen auch körperliche Verspannungen, die zum Beispiel durch einseitige Belastungen entstehen, wieder abzubauen. Durch den Rückzug der Sinne (Stufe 5) und die Konzentration (Stufe 6) lernt der Mensch, sich auf das Wesentliche zu konzentrieren. Dann kann es passieren, dass wir in der Arbeit eine Art Meditation (Stufe 7) erleben, die uns dann auf einer sehr tiefen Ebene (Stufe 8) erfüllt.
Der klassische achtstufige Yoga-Pfad, wie er mit den klassischen Sanskritbegriffen, der heiligen Sprache Indiens, beschrieben wird, setzt sich aus mehreren Aspekten zusammen, die hier im Business-Yoga nun in eine moderne Sprache übersetzt werden:

1. **Einschränkung** (Sanskrit: *Yama*): Im klassischen Yoga werden verschiedene Formen der Einschränkung und Zurückhaltung in Bereichen aufgezeigt, die für das Zusammenleben in einer Gemeinschaft notwendig sind.
   Damit sind im Sinn des Business-Yoga unser ethischer und moralischer Umgang mit den Arbeitskollegen sowie unsere Position in der Arbeitswelt gemeint. Beschrieben wird diese Stufe im Kapitel »Wir und die Welt« (siehe Seite 51).
2. **Positive Empfehlungen**, die ein Yogi auf dem Lebensweg befolgen sollte (Sanskrit: *Niyama*): Im klassischen Yoga geht es um positive Richtlinien. Damit ist im Sinn des Business-

Yoga gemeint, wie wir bestmöglich Sorge für uns selbst und unsere Fähigkeiten und Grenzen im Berufsalltag tragen. Beschrieben wird diese Stufe unter »Für sich selbst sorgen« (siehe Seite 68).

3. **Fester, stabiler Sitz** (Sanskrit: *Asana*): Im klassischen Yoga ist damit meist der Lotossitz, eine Sitzhaltung mit gekreuzten Beinen, gemeint. Dieser Sitz ermöglicht es dem Körper, zur Ruhe zu kommen, was wiederum zur Folge hat, dass sich der Atem, die Gedanken und die Emotionen beruhigen. Ausgehend von dieser Sitzhaltung wurden im Lauf der Zeit immer mehr Körperstellungen mit dem Ziel entwickelt, den Körper zu beherrschen und sich nicht von ihm beherrschen zu lassen. Im Business-Yoga bedeutet das, für unseren Körper allgemein Sorge zu tragen, Verspannungen aufzulösen und darauf zu achten, dass wir uns nicht permanent einer einseitigen Belastung aussetzen. Beschrieben wird diese Stufe im Kapitel »Mehr Energie am Arbeitsplatz« (siehe Seite 79).
4. **Anhalten, Kontrollieren des Atems** (Sanskrit: *Pranayama*): Der klassische Yoga legt großen Wert auf eine umfassende Kontrolle des Atems mit Hilfe von intensiven Atemübungen. Die meisten Menschen müssen allerdings erst wieder lernen, sich ihrer Atmung bewusst zu werden. Im klassischen Yoga gilt die Kontrolle des Atems als Voraussetzung für die weiteren Stufen auf dem Pfad des Patanjali. Im Business-Yoga bedeutet diese Atemkontrolle, wieder zu lernen, wie wir die Kraft des Atems auf sanfte Weise nutzen können, um unseren Körper mit dem notwendigen Sauerstoff zu versorgen, und wie sich der Atem als Quelle der Kraft im Arbeitsalltag verwenden lässt. Beschrieben wird diese Stufe unter »Durchatmen – aufatmen« (siehe Seite 124).
5. **Zurückziehen der Sinne** (Sanskrit: *Pratyahara*): Im klassischen Yoga ist damit gemeint, dass der Geist erst dann zur Ruhe kommt, wenn keine Sinneseindrücke mehr auf ihn einströmen. Ein Übermaß an akustischen und optischen Reizen lenkt den Geist vom Wesentlichen ab und kann langfris-

tig zu körperlichen und psychischen Beschwerden führen. Durch das vorübergehende Abschalten der sinnlichen Wahrnehmungen sind wir in der Lage, uns auf eine tiefere Konzentration auf das Wesentliche vorzubereiten. Im Business-Yoga bedeutet das, dass wir uns eine Weile von äußeren Reizen zurückziehen, in uns gehen, um wieder mit uns selbst und der eigenen Kraftquelle in Kontakt zu kommen. Beschrieben wird diese Stufe unter »In sich gehen – Balance finden« (siehe Seite 133).

6. **Konzentration** (Sanskrit: *Dharana*): Im klassischen Yoga ist damit eine weitere Stufe auf dem Weg der Gelassenheit gemeint, wenn alle körperlichen, emotionalen und gedanklichen Aktivitäten zur Ruhe kommen. Mit Hilfe der Konzentration ist der Mensch in der Lage, seine geistigen Kräfte zu bündeln. Im Sinn des Business-Yoga bedeutet das, sich ganz und gar auf eine einzige Tätigkeit einzulassen. Beschrieben wird diese Stufe im Kapitel »Konzentriert arbeiten« (siehe Seite 136).
7. **Meditation** (Sanskrit: *Dhyana*): Der klassische Yoga bezeichnet damit das Erleben der eigenen Mitte. Durch die Meditation findet der Mensch zu sich selbst. Im Business-Yoga bedeutet das, dass wir uns völlig auf die Arbeit konzentrieren und sie so als eine Art Meditation erfahren. Beschrieben wird diese Stufe im Kapitel »Arbeit und Meditation« (siehe Seite 139).
8. **Erleben der Einheit** (Sanskrit: *Samadhi*): Im klassischen Yoga ist damit eine Erfahrung der Einheit gemeint. Diese Erfahrung steht jenseits aller Begrifflichkeiten und kann nicht durch Anstrengung erreicht werden. Der Mensch, der diese Erfahrung macht, erkennt das wahre Selbst, das jenseits aller Vorstellungen und Konzepte liegt, die wir von uns haben. Im Sinn des Business-Yoga bedeutet dies, dass wir uns als etwas Einmaliges und gleichzeitig als Einheit mit anderen Menschen und dem Kosmos erfahren und in unserer Arbeit vollkommene Erfüllung finden. Beschrieben wird diese Stufe unter »Erfüllende Arbeit« (siehe Seite 143).

1. Speiche: Wir und die Welt

Dein Herz wird voller Liebe sein,
wenn es keine Barriere zwischen dir
und dem anderen gibt.

Jiddu Krishnamurti

Unter der ersten Speiche des Rades finden sich moralische und ethische Verhaltensregeln, die sich auf den Umgang mit anderen Menschen beziehen und ein friedvolles Miteinander ermöglichen. Der Yoga zielt nicht nur darauf ab, innere Zufriedenheit zu vermitteln, sondern auch in Frieden mit anderen Menschen zusammenzuleben und einen entsprechenden Umgang mit ihnen zu pflegen. Dies ist nicht nur in einer Liebesbeziehung oder innerhalb der eigenen Familie wichtig, sondern in der heutigen Zeit vor allem auch im Arbeitsleben von wesentlicher Bedeutung. Konkurrenzdenken, Intoleranz, Neid und Missgunst lassen sich so wieder in Zusammenarbeit, gegenseitiges Verständnis, Respekt und Toleranz transformieren.
Wie ein Mensch mit seinen Mitmenschen umgeht oder sich seiner Umwelt gegenüber verhält, hängt unter anderem von seinem sozialen und kulturellen Hintergrund ab, aber auch von seinen religiösen Vorstellungen, seiner Persönlichkeit, seinen Fähigkeiten und Fertigkeiten. Doch unabhängig von unserer Kultur oder Persönlichkeit sind wir hinter all den äußerlichen Erscheinungen eins – wir stammen alle aus der gleichen, nämlich göttlichen Quelle. Sobald wir diesen Aspekt im Bewusstsein verankert haben, kann sich unser Umgang mit anderen Menschen im Berufsalltag verändern und wir können letztendlich zufriedener und entspannter leben. Beherzigen wir diesen Aspekt, wird uns auch klar, dass wir uns selbst schaden, wenn wir zum Beispiel unser Gegenüber übergehen, übervorteilen oder mobben. Nach Ansicht der Yogis betrügen wir uns in ei-

nem solchen Fall letztendlich selbst und häufen durch derartige Taten nur negatives Karma an, das dann irgendwann wieder auf uns selbst zurückfällt. Mit anderen Worten: Irgendwann müssen wir für unser Fehlverhalten bezahlen - wenn nicht in diesem Leben, dann eben in einem späteren. Zudem spielt im Yoga die Selbsterkenntnis eine wichtige Rolle. Je eingehender wir uns selbst erkennen, desto besser gelingt es uns dann zum Beispiel in einer leitenden Position, andere Menschen zu führen. Wer mit seinen eigenen Gedanken und Gefühlen, mit seinen Bedürfnissen und Leidenschaften zurechtkommt und sich nicht blind von ihnen treiben lässt, der ist auch in der Lage, die Ängste, Nöte und Empfindungen seiner Mitarbeiter oder Kollegen besser zu verstehen.
Die Verhaltensweisen im Umgang mit anderen Menschen werden gemäß dem Sutra des Patanjali in die folgenden fünf Aspekte unterteilt: Gewaltlosigkeit, Ehrlichkeit, Enthaltung von Diebstahl, Enthaltung von Sinnlichkeit, Enthaltung von Besitzstreben.

Gewaltlosigkeit

Ohne Güte
und Mitgefühl für andere
kann man unmöglich
die Pforte des Yoga
durchschreiten.

Changkya

Im Sinn des Sutra bedeutet dieser Aspekt, einem anderen Menschen weder körperliche Schmerzen zuzufügen noch Gewalt auf ihn auszuüben. Gemeint ist jedoch auch, dass man einen Menschen nicht durch Worte oder Gedanken verletzen soll. Es gilt somit, auch darauf zu achten, wie wir über einen anderen Menschen denken. Wie schnell verurteilen wir etwa einen

Arbeitskollegen, weil er nicht unseren äußeren Vorstellungen entspricht, sich anders kleidet, anders denkt und eine andere Arbeitsweise hat als wir selbst. Und wie schnell verurteilen wir einen anderen Menschen, wenn er nicht die gleiche Meinung vertritt. In so einem Fall beurteilen wir ihn dann vorschnell negativ – und lehnen ihn infolgedessen innerlich ab. Oder wie rasch geraten wir in Versuchung, gerade in einer Führungsposition unsere Meinung durchzusetzen, ohne Rücksicht auf die anderen. Auch Mobbing fällt in diese Rubrik.

Schnell entwickelt sich unter Arbeitskollegen, die sich nicht sympathisch sind, aus einer Meinungsverschiedenheit ein Streit, der in gegenseitigen verbalen Verletzungen enden kann und den gemeinsamen Arbeitsalltag erschwert, anstatt ihn zu erleichtern. Beginnen wir hingegen auf unsere Gedanken zu achten, werden wir auch im Austausch mit dem jeweiligen Gegenüber bewusster und können friedvoller und effektiver miteinander umgehen und arbeiten.

Oft ist ein anderer Mensch nur ein Spiegelbild unserer selbst. Wir lehnen dann eine Eigenschaft an ihm ab, die wir selbst aufweisen, die wir aber nicht wahrhaben wollen oder die uns nicht bewusst ist, weil uns der nötige Abstand fehlt. Wenn uns jemand anderer im engen beruflichen Kontakt also die eigene Unzulänglichkeit widerspiegelt, reagieren wir mitunter aggressiv auf ihn, ohne zu erkennen, dass er uns lediglich unsere eigenen Schattenseiten vor Augen hält. Durch die regelmäßige Yoga-Praxis wird es uns jedoch möglich, von so einem Menschen zu lernen. Einer der bekanntesten spirituellen Lehrer des 20. Jahrhunderts, Georg Iwanowitsch Gurdjieff, wusste darum. Dies wird in der folgenden Geschichte deutlich:

♥ Ein schrecklicher Lehrmeister

In der spirituellen Gemeinde, die Gurdjieff in Frankreich leitete, lebte ein alter Mann, den keiner mochte. Er war unordentlich, ständig schlecht gelaunt und gereizt. Auch weigerte er sich immer wieder, aufzuräumen oder in irgendeiner Form in der Gemeinde mitzuhelfen. Nach vielen Monaten gelang es den Leuten schließlich, ihn unter Druck zu setzen, sodass er die Gemeinde verließ. Gurdjieff folgte dem Alten nach Paris und wollte ihn überreden zurückzukehren. Doch der Alte lehnte ab. Schließlich bot Gurdjieff dem Mann ein hohes monatliches Honorar an, wenn er mit ihm käme. Dieses Angebot war nun so verlockend, dass der Alte wieder in die Gemeinschaft zurückkehrte. Alle waren entsetzt, als sie den Alten wiedersahen. Als sie erfuhren, dass Gurdjieff dem Alten auch noch ein Honorar gegeben hatte, während sie jeden Monat sehr hohe Beträge zahlen mussten, um in der Gemeinschaft leben zu können, gerieten sie in Aufruhr. Gurdjieff rief alle zu einer Versammlung zusammen. Nachdem alle ihrem Unmut über Gurdjieffs Entscheidung Ausdruck verliehen hatten, lachte dieser und meinte: »Der Alte ist wie Hefe für das Brot, ein Spiegel für den Betrachter oder euer Lehrmeister in Bezug auf eure Schattenseiten. Ohne ihn würdet ihr nie etwas über Ärger, Reizbarkeit, Geduld und Mitgefühl lernen, denn er ruft die unterschiedlichsten Gefühle in euch wach.«[9]

Durch eine regelmäßige Yoga-Praxis können wir lernen, unseren Geist und somit die eigenen Gedanken zu beobachten und zu beruhigen. Immer wieder werden wir dann feststellen, wie sich der Geist durch Körperübungen, Atemübungen und Meditationen verändert. Dadurch sind wir in der Lage zu erkennen, wie sehr uns das Üben hilft, den Geist von seiner Unruhe zu befreien. In dem Moment, wenn der Geist ruhiger wird, können wir Alltagssituationen, Arbeitskollegen, Geschäftspartner und Schwierigkeiten mit Gelassenheit betrachten. Dadurch verfei-

nert sich mit der Zeit die eigene Wahrnehmung, der Geist wird differenzierter, und wir hören auf, unsere Umwelt vorschnell und pauschal zu beurteilen. Dann gelingt es uns zum Beispiel in einer beruflichen Auseinandersetzung rascher, in die Beobachterrolle zu gehen und zu erkennen, warum wir so scharf reagieren oder weshalb wir uns so schnell angegriffen fühlen. Auf diese Weise können wir im Lauf der Yoga-Praxis zum Beispiel auch erfassen, dass wir Gefühle *haben*, wir aber nicht unsere Gefühle *sind*, dass wir Gedanken *haben*, aber nicht unsere Gedanken *sind*.
Manchmal lässt es sich allerdings nicht vermeiden, dass wir einem Arbeitskollegen, dem Chef oder einem Geschäftspartner gegenüber negativ denken oder empfinden. Schließlich wirken die diversen Hindernisse, wie sie bereits beschrieben wurden (siehe Seite 33–42), durch uns hindurch. Mit Hilfe einer regelmäßigen Praxis können wir jedoch an Achtsamkeit und Bewusstsein gewinnen. Dann fällt uns auf, wie schnell wir die Tendenz haben, unheilvolle, negative und womöglich sogar gewaltsame Gedanken gegenüber einem anderen Menschen zu hegen. Die regelmäßige Yoga-Praxis lässt uns dann nicht nur achtsamer und wachsamer im Umgang mit unseren Gedanken sein, sondern auch die Verantwortung für das übernehmen, was wir denken und was wir fühlen.

♦ Reinigung des Herzens

Wir sollten unser Herz reinigen, sobald wir bemerken, welch unheilvolle oder gar gewaltsame Gedanken wir einem anderen Menschen gegenüber hegen. Auf diese Weise sammelt sich keine negative Energie an, die sich womöglich manifestiert.

- Sie sitzen so auf einem Stuhl, dass nur das halbe Gesäß auf der Sitzfläche des Stuhles aufliegt.
- Die Beine stehen parallel und senkrecht, sodass sich das

Kniegelenk über dem Fußgelenk befindet und die Füße ganzflächig auf dem Boden stehen.

- Ihr Oberkörper ist aufgerichtet, die Wirbelsäule in einer geraden Linie, der Brustkorb gehoben, der Schulterbereich entspannt. Ihre Hände ruhen auf Ihren Oberschenkeln. Die Augen sind geschlossen.
- Atmen Sie nun tief und entspannt durch die Nase ein und aus und richten Sie Ihre Aufmerksamkeit dabei auf Ihr Herz. Visualisieren Sie Ihr Herz, ohne dabei den Atemrhythmus zu verändern.
- Atmen Sie bewusst und fließend. Die Aufmerksamkeit ist ausschließlich auf den Atem gerichtet. Sie brauchen den Atem weder zu beschleunigen noch Druck auszuüben. Atmen Sie natürlich.
- Stellen Sie sich nun vor, wie Sie grüne Farbe einatmen und Ihr Herz damit reinigen. Mit dem Ausatmen verlassen Ihren Körper all die Unreinheiten, die sich auf Ihrem Herzen angesammelt hatten.
- Sobald Sie das Gefühl haben, dass Ihr Herz gereinigt ist, stellen Sie sich während des Atmens vor, wie die klare, reine Herzenergie sich in Ihrem ganzen Körper verteilt und diesen mit Wärme erfüllt.
- Nach Beenden der Übung bleiben Sie noch ein paar Momente mit geschlossenen Augen sitzen und versuchen Sie, den Kontakt zu Ihrem Herzen zu halten.

♦ Öffnung des Herzens

Es gilt, unser Herz zu öffnen, wenn etwa eine Meinungsverschiedenheit am Arbeitsplatz mit einem Kollegen, dem Vorgesetzten oder auch mit einem Geschäftspartner uns veranlasst hat, unser Herz dem Betreffenden gegenüber vollkommen zu verschließen und ihn mit unserem Verstand – oftmals zu Unrecht – zu verurteilen. Denn öffnen wir unser Herz dem anderen gegenüber, erkennen wir früher oder später, dass derjenige sich gar nicht so wesentlich von uns selbst unterscheidet, sondern die gleichen Ängste und ähnliche Verletzungen in sich trägt. Dann gelingt es uns, nach einer Meinungsverschiedenheit wieder auf ihn zuzugehen und die Beziehung auf einer tieferen Ebene weiterzuführen. Die folgende Übung können Sie gut im Anschluss an die Herzreinigungsübung durchführen.

- Sie stehen aufrecht mit geradem Rücken da. Die Beine sind weit gegrätscht und die Füße leicht nach außen gedreht.
- Atmen Sie nun einige Male ganz entspannt ein und aus. Atmen Sie dann tief aus.
- Mit dem nächsten Einatmen heben Sie beide Arme vor den Körper, die Hände sind ausgestreckt und einander zugewandt.
- Während Sie nun weiteratmen, führen Sie die Hände so weit zur Seite, bis die Brust gedehnt wird. Gleichzeitig heben Sie den Kopf und blicken nach oben.
- Halten Sie den Atem in dieser Stellung sieben Sekunden lang an und konzentrieren Sie sich dabei auf Ihr Herz.
- Stellen Sie sich nun vor, wie Sie Ihr in der Übung zuvor gereinigtes Herz jetzt wieder dem Menschen öffnen, mit dem Sie eine Meinungsverschiedenheit hatten.
- Atmen Sie jetzt langsam aus, lassen Sie die Arme dabei seitlich sinken und bringen Sie den Kopf in die Ausgangsstellung zurück.
- Wiederholen Sie diese Abfolge drei bis vier Mal. Verbinden Sie dabei die Armbewegung fließend mit Ihrem Einatmen.

♦ Verbindung mit der Herzenskraft

Mit Ihrer Herzenskraft sollten Sie sich am Ende eines Arbeitstages wieder verbinden, wenn sie einen anstrengenden Tag hinter sich haben oder berufliche Begegnungen nicht sehr erfreulich waren.

- Nehmen Sie einen aufrechten und bequemen Sitz Ihrer Wahl ein. Wichtig ist, dass die Wirbelsäule die ganze Übung hindurch gestreckt bleibt.
- Legen Sie beide Arme über Kreuz auf die Mitte Ihrer Brust. Entspannen Sie sich in Ihrem Herzraum und atmen Sie dabei ganz bewusst in Ihren Herzraum hinein.
- Öffnen Sie sich nun einem Gefühl der Sympathie und Herzenswärme. Öffnen Sie sich dabei zuerst sich selbst und dann den Menschen, die Ihnen privat und beruflich nahe stehen.
- Sammeln Sie sich beim Einatmen im Herzraum und verströmen Sie dann mit dem Ausatmen das Gefühl der Liebe und des Wohlwollens in den Raum vor Ihnen. Führen Sie dabei beide Hände nach vorn.
- Holen Sie nun mit dem Einatmen beide Hände zum Herzraum zurück.
- Wiederholen Sie diese Bewegungen einige Atemzüge lang.
- Machen Sie dann mit dem Ausatmen eine öffnende Bewegung, indem Sie beide Hände gleichzeitig ausatmend nach vorne ausstrecken und sich vorstellen, dass sie Liebe verströmen.
- Verweilen Sie noch einige Atemzüge in dieser Stellung mit geöffneten Armen. Stellen Sie sich vor, wie Sie mit offenem Herzen bedingungslos Liebe verströmen.
- Genießen Sie die Wahrnehmung der Weite, Offenheit und Liebe, die von Ihrem Herzen ausströmen. Alles ist erfüllt von dieser positiven Schwingung, die Sie aussenden.

- Nehmen Sie wahr, wie friedvoll und wohl Sie sich in diesem Raum, in dieser Energie fühlen.
- Bleiben Sie so lange in dieser Stellung, wie Sie sich wohl fühlen.
- Legen Sie dann abschließend beide Handflächen vor der Brust zusammen und verneigen Sie sich.[10]

Ehrlichkeit

> Versuche, nicht zu kämpfen,
> sondern einfach nur zu »sein«.
> Begegne Unfreundlichkeit mit Mitgefühl.
>
> *Tao Te Ching*

Die beste Voraussetzung, um klare Verhältnisse und Zufriedenheit in unserem Beruf zu erlangen, schaffen wir, indem wir uns selbst gegenüber ehrlich sind und uns treu bleiben – aber natürlich auch unseren Kollegen, Geschäftspartnern und Kunden gegenüber ehrlich und aufrichtig sind. Damit ist gemeint, dass wir in Gedanken, Worten und Taten vollkommen aufrichtig sind. Indem wir ehrlich und wahrhaftig sind, können wir zu einer Klarheit gelangen, die für aufrichtige Geschäftsbeziehungen unbedingt notwendig ist, da sie die Basis für eine vertrauensvolle Zusammenarbeit darstellt. Das beinhaltet außerdem, dass wir unsere Grenzen erkennen und zum Beispiel auch einmal zugeben, wenn wir überfordert sind oder einen Fehler gemacht haben.

Wie bereits erwähnt, lernen wir durch die regelmäßige Yoga-Praxis immer mehr, Verantwortung für das eigene Handeln zu übernehmen. Dann fällt es uns vielleicht gar nicht mehr so schwer zuzugeben, dass uns ein Fehler unterlaufen ist. Manchmal kann Ehrlichkeit auch dazu führen, dass wir zu der Erkenntnis gelangen, einen Beruf auszuüben, der uns gar nicht liegt und bei dem wir eigentlich gar nicht von ganzem Herzen

dabei sind. Dieses Eingeständnis kann natürlich Schwierigkeiten bereiten, wenn man bereits viele Jahre in diesem Beruf tätig ist und sich gesellschaftlich etabliert hat, selbst wenn man im Innersten unzufrieden ist. Gestehen wir uns jedoch unsere wirkliche Berufung ein und wagen wir dann auch noch, diese zu leben, kann sich ein unerschöpfliches Potenzial an Kreativität in uns öffnen und zum Ausdruck kommen.
Ehrlichkeit beinhaltet also, dass wir zu unserer Fehlbarkeit und zu unseren Schattenseiten stehen. Dies befreit uns von dem Druck, im Arbeitsalltag alles perfekt machen zu müssen. Denn jeder Mensch hat seine Schwächen – sie gehören einfach mit dazu, wie die folgende Geschichte zeigt:

♥ Von der Kunst, zu seinen Schattenseiten zu stehen

Eines Tages stellten sich einige Männer im Kloster des Meisters vor. Sie wollten bei ihm lernen und baten deshalb, als Novizen aufgenommen zu werden. Der Meister hörte sich ihr Anliegen an und stellte ihnen folgende Frage: »Wer von euch interessiert sich eher für Geheimnisse als für die Wahrheit, nimmt lieber, statt zu geben, und wer von euch diskutiert lieber, anstatt zu meditieren?« Keiner der Anwärter hob die Hand. Daraufhin führte der Meister die Männer in die Meditationshalle, in der einige Mönche gerade meditierten. Er unterbrach die Meditation und stellte folgende Frage: »Wer von euch interessiert sich eher für Geheimnisse als für die Wahrheit, nimmt lieber, statt zu geben, und wer von euch diskutiert lieber, anstatt zu meditieren?« Alle anwesenden Mönche standen auf.
Daraufhin wandte sich der Meister an die Anwärter und sagte: »Geht lieber alle wieder nach Hause und überlegt euch genau, ob ihr so werden wollt wie diese Mönche hier. Seit vielen Jahren schon sind sie hier im Kloster als meine Schüler. Und wie es scheint, sind sie wesentlich weniger fortgeschritten als ihr!«[11]

Enthaltung von Diebstahl

> Wenn ich sage,
> ihr solltet euch eifrig bemühen,
> meine ich damit im Grunde nur eines:
> Ihr solltet voller Freude Dinge tun,
> die anderen zugute kommen.
>
> *Meister Shantideva*

Im Sinn des Yoga beinhaltet der Aspekt des Nicht-Stehlens unter anderem, dass wir uns zum Beispiel nicht des Eigentums unseres Arbeitgebers bemächtigen. Damit kann im Kleinen gemeint sein, dass wir nicht auf Betriebskosten privat im Internet surfen oder stundenlang vom Büro aus mit dem Partner telefonieren. Damit kann aber auch gemeint sein, dass wir etwa kein Büromaterial der Firma für Privatzwecke verwenden.

Keinen Diebstahl zu begehen spielt im Arbeitsleben aber auch eine besondere Rolle, wenn wir kreativ arbeiten. Es beinhaltet nämlich auch, sich nicht das geistige Eigentum eines anderen anzueignen. Es gibt Menschen, die sich der Ideen anderer bedienen, um diese dann als ihre eigenen auszugeben. Auch wenn wir momentan glänzen und uns vielleicht in vielerlei Hinsicht bereichern können – etwa durch Lob und Anerkennung oder auch im wirtschaftlich-finanziellen Sinn –, so werden wir auch hier irgendwann zur Rechenschaft gezogen. Denn das Gesetz der Ursache und Wirkung gilt auch hier, und wer sich unrechtmäßig bereichert, muss mit Sanktionen rechnen. Natürlich passiert es im Beruf manchmal auch, dass jemand wegen etwas beschuldigt wird, obwohl ein anderer zuwider gehandelt hat. Wie so etwas aussieht, zeigt die folgende Geschichte:

♥ Die Begegnung von Diebstahl und Ehrlichkeit

Vor vielen Jahren trafen sich der Diebstahl und die Ehrlichkeit zufällig in der Stadt. Nach der Begrüßung fragte der Diebstahl die Ehrlichkeit, wie es ihr gehe. Die Ehrlichkeit antwortete: »Mir geht es von Jahr zu Jahr schlechter.« »Ich sehe schon, wie schlecht es um dich steht«, meinte der Diebstahl mit einem Blick auf die zerrissenen Kleider der Ehrlichkeit. »Seit Tagen habe ich nichts mehr gegessen«, fuhr die Ehrlichkeit fort. »Wo ich hinkomme, bereite ich nicht nur mir, sondern auch den wenigen, die mich noch lieben, nichts als Schwierigkeiten.« »Da bist du selbst schuld!«, lachte der Diebstahl. »Komm mit, und ich zeige dir, wie man ein gutes Leben führt. Eine Bedingung aber stelle ich dir: Du darfst mir nicht widersprechen, egal, was ich auch sage.« Die Ehrlichkeit war einverstanden, dieses eine Mal mit dem Diebstahl mitzukommen, denn ihr Magen knurrte so laut, dass sie sich kaum noch auf den Beinen halten konnte.

So kam es, dass die beiden in das beste Restaurant der Stadt gingen, um ausgiebig zu speisen. Nach mehreren Stunden, als nur noch wenige Gäste im Restaurant waren, klopfte der Diebstahl plötzlich mit der Faust auf den Tisch und verlangte nach dem Geschäftsführer. Dieser kam, und der Diebstahl beschwerte sich: »Wie lange soll ich denn noch auf mein Wechselgeld warten, das ich dem Jungen gegeben habe, der unseren Tisch gedeckt hat?« Der Geschäftsführer rief den Jungen. Er sagte, dass er nie Geld erhalten habe. Daraufhin beschwerte sich der Diebstahl lauthals über den Jungen und das Haus. Aus Angst, dass sein Restaurant in schlechten Ruf geraten könnte, entließ der Geschäftsführer den Jungen vor den Augen aller auf der Stelle fristlos. Der Junge beteuerte wiederum, dass er die Wahrheit gesagt habe, und rief: »O weh, wo bist du, unselige Ehrlichkeit? Gibt es dich nicht mehr?« »O doch, ich bin hier«, sagte die Ehrlichkeit mit zusammengebissenen Zähnen. »Aber ich habe tagelang nichts gegessen, und nun ist mir die Zunge schwer.« Als die beiden das Restaurant verließen, brach der

Diebstahl in lautes Gelächter aus und sagte: »Siehst du, wie listig ich bin!« »Lieber sterbe ich vor Hunger«, antwortete die Ehrlichkeit daraufhin, »als etwas zu tun, das unehrlich ist und anderen Schaden zufügt.« Und so trennten sich der Diebstahl und die Ehrlichkeit und wurden nie mehr zusammen gesehen.

Enthaltung von Sinnlichkeit

Sei leer, sei ruhig.
Sieh zu, wie alles kommt und geht.
Es kommt aus der Quelle
und kehrt dorthin zurück.
Das ist der Weg der Natur.

Tao Te Ching

Im klassischen Yoga versteht man unter Enthaltung von Sinnlichkeit, dass man mit seiner Sinnlichkeit – und insbesondere mit seiner Sexualität – ganz bewusst umgeht. Es wird nämlich der Energie, die während des Geschlechtsverkehrs freigesetzt wird, eine große Kraft beigemessen. Wird sie im Sinn des Yoga richtig transformiert, transzendiert sich sexuelle Kraft in spirituelle Kraft. Beim Business-Yoga ist darunter ein bewusster Umgang mit Sexualität am Arbeitsplatz zu verstehen. Sexuelle Belästigung ist heute ein wichtiges Thema in Betrieben und Büros. Zu diesen Übergriffen kommt es, weil Menschen ihre sexuellen Triebe nicht kontrollieren können. Gelingt es uns, entsprechend damit umzugehen, dann lassen sich auch diese Kräfte zum Wohl des Einzelnen, zur Realisation eines Projekts und zum Wohl der Firma einsetzen. Im Business-Yoga ist darunter zu verstehen, dass man am Arbeitsplatz kein Verhältnis mit seinem Chef, einem verheirateten Arbeitskollegen oder einem Kunden eingeht, wenn man selbst in einer Beziehung lebt. Solche unklaren Verhältnisse bringen früher oder später nur Schwierigkeiten mit sich, da sie uns und den anderen von der

Arbeit ablenken und viel Energie absorbieren. Gelingt es uns hingegen, ganz bewusst Arbeit und Freizeit zu trennen und eine Liebesbeziehung zu führen, die wir auch nach außen hin leben können, kann sie uns unterstützen, Energie freizusetzen, die zu unserer Zufriedenheit führt.

♦ Sitz der Lotosblüte

In Momenten des Verlangens sowie der Verwirrtheit empfiehlt es sich, den Sitz der Lotosblüte zu praktizieren. Zum einen unterstützt uns diese Übung, uns auf uns selbst zu konzentrieren. Außerdem hilft sie uns, gestaute Energie aus dem Geschlechtsbereich nach oben zu leiten und ans Universum abzugeben, sodass sie uns nicht weiter ablenkt und belastet.

- Sie sitzen mit aufrechtem, geradem Rücken auf einem Stuhl.
- Schließen Sie die Augen und versuchen Sie, sich ganz bewusst, vollständig und von innen heraus in dieser Körperhaltung wahrzunehmen.
- Atmen Sie ein paarmal in dieser Haltung tief durch die Nase ein und aus.
- Falten Sie Ihre Hände vor der Brust. Gehen Sie nun mit Ihrer Aufmerksamkeit zu Ihrem Herzen und versuchen Sie, es entweder als einen bestimmten Punkt oder als einen Bereich im Brustraum wahrzunehmen.
- Strecken Sie mit dem Einatmen Ihre Arme nach oben über den Kopf, wobei ein Teil der Aufmerksamkeit bei Ihrem Herzraum bleibt.
- Mit dem Ausatmen öffnen Sie die Arme seitlich wie zu einem Kreis und bringen dann die Arme wieder vor den Körper. Auch jetzt bleibt ein Teil der Aufmerksamkeit bei Ihrem Herzen.
- Wiederholen Sie diesen Zyklus einige Minuten lang.

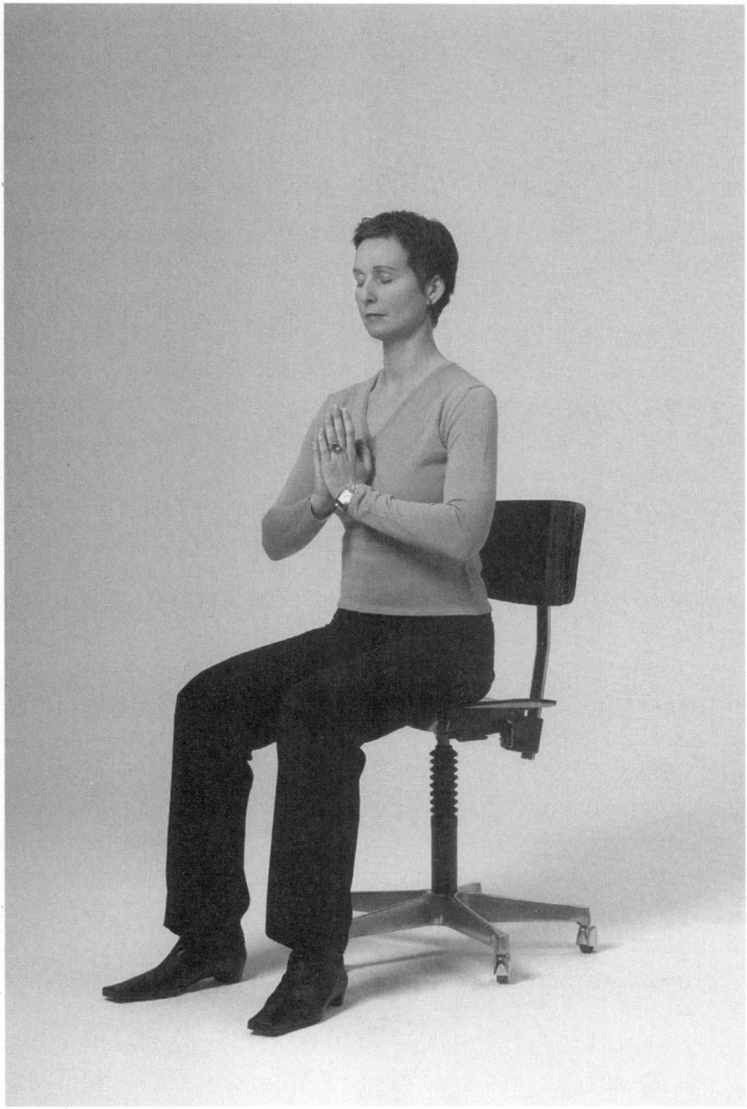

Sitz der Lotosblüte

- Stellen Sie sich vor, wie bei jedem Einatmen die sexuelle Energie aus dem Unterleib nach oben wandert und über das Herz in den Kosmos abgegeben wird.
- Beenden Sie die Übung, indem Sie Ihre Hände wieder gefaltet vor die Brust legen. Bleiben Sie noch einige Momente in dieser Stellung und in Kontakt mit Ihrem geöffneten Herzen.
- Spüren Sie der Übung mit geschlossenen Augen nach.

Enthaltung von Besitzstreben

Schätze, was du hast,
und du wirst immer genug haben.

Tao Te Ching

Im klassischen Sinn ist damit gemeint, »nicht nach allen Seiten zu greifen«, also nicht alles, was wir sehen, unbedingt haben zu wollen. Gemeint ist nicht nur das Horten von materiellen Gütern, sondern auch das Ansammeln von Informationen, von Wissen und von Gefühlen. Gerade in der Arbeitswelt besteht die Gefahr zu raffen, da geschäftlicher Erfolg und Anerkennung häufig an Äußerlichkeiten festgemacht werden. Ein Geschäftsmann mit einer Luxuslimousine findet mehr Anerkennung als einer, der mit einem Kleinwagen zur Geschäftsbesprechung kommt. Ein Wissenschaftler mit einem Professorentitel erfährt oft mehr Achtung als ein Handwerker, selbst wenn dieser eine tiefere Weisheit besitzt. Diese oberflächliche, statusorientierte Sichtweise fördert natürlich das Besitzstreben, weil wir uns dadurch mehr Wertschätzung erhoffen – in den Augen der anderen und auch vor uns selbst. Wer allerdings einmal bei der Meditation oder einem einsamen Spaziergang im Wald mit seinem wahren Selbst in Kontakt gekommen ist, der weiß, dass es in uns eine Quelle gibt, die über ein tiefes und unerschöpfliches

Wissen verfügt und einen viel größeren Reichtum aufweist; sie stellt alle Äußerlichkeiten in den Schatten. Wie sich das gestalten kann, zeigt die folgende Geschichte:

♥ Die beste Nachricht

Der bekannte argentinische Golfer Roberto de Vicenzo gewann einmal ein Turnier. Nachdem er vor den Kameras lächelnd seinen Scheck in Empfang genommen hatte, begab er sich ins Clubhaus, um sich umzuziehen. Kurz darauf, als er über den Parkplatz zu seinem Auto ging, sprach ihn eine junge Frau an. Sie gratulierte ihm zu seinem Sieg und klagte dann über ihr todkrankes Kind. De Vicenzo war von ihrer Geschichte gerührt, zog den Scheck heraus und überschrieb ihn der Frau. »Dem Kleinen soll es eine Weile gut gehen damit«, sagte er und drückte ihr den Scheck in die Hand.

In der darauf folgenden Woche aß er im Country Club zu Mittag, als ein Angestellter des Golf-Clubs zu ihm an den Tisch kam. »Mir haben ein paar Mitarbeiter erzählt, eine junge Frau habe Sie nach dem Turnier auf dem Parkplatz angesprochen.« De Vicenzo nickte. »Nun«, sagte der Angestellte, »ich habe eine Neuigkeit für Sie. Die Frau ist eine Betrügerin. Sie ist weder verheiratet noch hat sie ein krankes Baby. Sie wurden hinters Licht geführt, mein Freund.« »Sie meinen, es gibt gar kein todkrankes Baby?«, erwiderte de Vicenzo. »So ist es.« »Das ist die beste Nachricht, die ich diese Woche erhalten habe!«, sagte de Vicenzo.[12]

2. Speiche: Für sich selbst sorgen

> Harmonie beim Essen und Ruhen,
> beim Schlafen und Wachen –
> Perfektion in all unserem Tun.
> Das ist Yoga,
> das uns von allen Schmerzen befreit.
>
> *Bhagavadgita*

Die zweite Speiche des Rades beschäftigt sich damit, wie wir zu innerer Zufriedenheit und somit auch zu einem erfüllten Alltag gelangen können. Dazu werden bestimmte Ideale aufgezeigt, die den Menschen bei seinem Streben unterstützen. Die Verhaltensregeln im Umgang mit sich selbst werden dazu in fünf Richtlinien – Klarheit, Zufriedenheit, Motivation, Studium der heiligen Schriften und Hingabe an das Höchste – unterteilt.

Die Sorge für sich selbst wird gern unterschätzt. Gerade im Sinn des Yoga geht es in jeder beruflichen Position darum, für das eigene Handeln – und natürlich auch Nichthandeln – die volle Verantwortung zu übernehmen. Es gilt also, verantwortlich mit den eigenen Grenzen und Kräften umzugehen. Denn nur wer seine eigenen Grenzen und Kräfte richtig einzuschätzen weiß, übernimmt sich nicht. Wer sich selbst nicht überfordert, überfordert aber auch seine Mitarbeiter nicht.

Klarheit

Menschen, die rein sind,
mögen reines Essen.
Dieses beruhigt und nährt und erfreut das Herz.

Bhagavadgita

Im Hinblick auf die Klarheit spielt im Yoga eine bewusste Ernährung eine zentrale Rolle. Gerade in einem von so unterschiedlichen Anforderungen und Druck geprägtem Berufsalltag wie dem unseren fehlt vielen oft die Zeit, sich gesund und somit im Sinn des Yoga zu ernähren. Stattdessen greifen viele Menschen zu Fast Food oder essen hastig zwischen Tür und Angel in der Kantine – und noch dazu oftmals zu schwer, zu fett und zu zerkocht.
Dass der Reinheit wie auch der Ernährung im Yoga eine so große Bedeutung zukommt, hängt damit zusammen, dass der Körper als das Fahrzeug der Seele betrachtet wird. Darum ist es für viele Yogis besonders wichtig, den Körper respektvoll und sorgsam zu behandeln. Wie in allen spirituellen Traditionen haben sich im Umgang mit dem Körper und in der Ernährung verschiedene Meinungen ausgebildet, wenn es darum geht, den Körper und folglich auch den Geist rein zu halten. Einige lehnen den Konsum von Fleisch, Zucker, Zwiebeln und Knoblauch vollkommen ab. Andere Schulen wiederum betonen, dass es vor allen Dingen um die Haltung gehe, mit der man isst. Denn was dem einen Menschen schadet, kann für einen anderen durchaus eine wertvolle Ergänzung sein. Deshalb sollte man auch nicht blind irgendwelche Vorschriften befolgen, sondern immer wieder überprüfen, was dem eigenen Körper gut tut und was ihm schadet.[13]
Trotzdem gibt es natürlich günstige Lebensmittel, die den Organismus mit Vitaminen, Spurenelementen und dergleichen versorgen, während andere Nahrungsmittel »leer« sind; das heißt, durch ihre Aufbereitung sind keinerlei Vitamine oder

Spurenelemente mehr enthalten. Dergleichen kann für den Körper natürlich nicht von Nutzen sein. Reinheit im Sinn des Yoga bedeutet, dass uns die Ernährung körperliche Energie verleiht und dem Geist hilft, klar zu bleiben. Dies lässt sich durch die Beachtung folgender Punkte erreichen: Die Lebensmittel sollten nach Möglichkeit frisch sein, aus kontrolliertem Anbau stammen und auch abwechslungsreich sein.

Wie sehr sich eine reine, gesunde Ernährung auf unsere Arbeit auswirkt, hat fast jeder mehr oder weniger bewusst schon einmal am eigenen Leib erlebt. Wer zum Beispiel in der Mittagspause ein paniertes Wiener Schnitzel mit Pommes frites isst, wird wahrscheinlich feststellen, dass er nach dem Mittagessen in ein Leistungstief gerät. Der Grund dafür ist, dass der Organismus viel Energie aufbringen muss, um ein so schwer verdauliches Essen zu verarbeiten. Wer hingegen etwas Warmes und gleichzeitig leicht Verdauliches zu sich nimmt, der wird merken, dass ihm auch nach dem Mittagessen die notwendige Energie zur Verfügung steht, um effektiv weiterzuarbeiten.[14]

Was für die Ernährung gilt, gilt natürlich auch für die Getränke. Und so empfiehlt man im Yoga den Verzicht auf Kaffee und rät, stattdessen Kräuter- und Gewürztees oder Wasser zu trinken. Für die Inder sind Gewürze nicht nur reine Geschmacksverstärker, sondern gleichzeitig auch Heilmittel. Ingwer zum Beispiel beugt bei Herz- und Kreislauferkrankungen vor. Kardamom, Koriander und Senfkörner sowie Kümmel und Zimt wirken appetitanregend und verdauungsfördernd. Gewürznelken haben antiseptische Eigenschaften. All diese Gewürze findet man zum Beispiel im so genannten Yogi-Tee.[15]

Ein weiteres Getränk, das im Yoga als rein gilt, ist das Wasser. Man geht davon aus, dass Wasser eine reinigende Wirkung hat, da es den Körper mit Lebensenergie versorgt und ihn von alten Giftstoffen befreit. Die westlichen Kulturen glauben, dass Wasser alle Vorgänge im Körper reguliert und ihn zudem unterstützt, dem Essen die Nährstoffe zu entziehen. Ohne Wasser könnte beispielsweise der Darm die Nahrung nicht zerlegen.

Dies ist besonders bei Vollwertkost mit vielen Ballaststoffen wichtig. Erst wenn der Darm ausreichend mit Wasser versorgt wird, kann er die Nahrung aufweichen, um die Nährstoffe schließlich ans Blut abzugeben. Allerdings sollte man während des Essens selbst kein Wasser trinken, sondern frühestens eine halbe Stunde danach. Besonders gesund ist heißes Wasser, zwanzig Minuten lang abgekocht. Es regt die Verdauung an, entschlackt und reduziert die Übersäuerung im Körper, darüber hinaus reinigt es die Blase, hilft bei Husten und Fieber und fördert allgemein das Wohlbefinden.
Man glaubt allerdings, dass Wasser vor den Mahlzeiten die Verdauung stört und zu Energie- und Gewichtsverlust führt. Es empfiehlt sich somit, regelmäßig über den ganzen Tag verteilt in kleineren Mengen Wasser zu trinken. Es reinigt die Organe, hält den Körper elastisch und sorgt außerdem für psychische Ausgeglichenheit.

♦ Gesund und klar mit Wasser

- Kochen Sie jeden Morgen, bevor Sie ins Büro gehen, zwei Liter Wasser über einen Zeitraum von zwanzig Minuten.
- Füllen Sie das Wasser in eine Thermoskanne und nehmen Sie diese mit ins Büro.
- Achten Sie darauf, dass Sie sich im Lauf des Tages immer wieder Zeit nehmen, um in Ruhe eine Tasse heißes Wasser zu trinken.

Zufriedenheit

Tiefe Zufriedenheit
lässt uns grenzenloses Glück erfahren.

Patanjali

Normalerweise machen wir unsere Zufriedenheit an äußeren Faktoren fest: an unserem Wohlstand, unserer Karriere, an der Anerkennung, die wir von unseren Kollegen oder von unserem Chef bekommen. Aber diese Form von Glückseligkeit ist nur von kurzer Dauer; sie hat keine wirkliche Basis, sondern kommt nur von außen. Wirklich tiefe Zufriedenheit stellt sich nur ein, wenn sie unserem Inneren entspringt. Doch solange wir nicht erkennen, dass nur wir selbst uns nähren und somit Zufriedenheit geben können, suchen wir weiterhin nach äußerer Bestätigung und Anerkennung durch andere. Haben wir allerdings das Glück und die Zufriedenheit einmal in uns selbst gefunden, wird uns klar, dass Äußerlichkeiten gar nicht notwendig sind. Dann können wir auch die Gegenwart viel intensiver erleben und sie genießen, denn wir sind dann in der Lage, aus dem Hier und Jetzt heraus zu existieren. Wie es aussieht, wenn ein Mensch nicht mehr an Äußerlichkeiten hängt, zeigt die folgende Geschichte:

♥ Der zufriedene Yogi

Eines Nachts drangen Diebe in die Hütte eines bekannten Yogis ein. Sie rafften im Wohnzimmer alles zusammen, was sie fanden. Der Yogi, der auf seinem Lager im Nebenraum meditierte, bemerkte die Diebe, tat aber nichts, um sie aufzuhalten. Unter den Gütern, die sie stahlen, war auch ein Krug, aus dem an diesem Abend ein Mann getrunken hatte, der an einer ansteckenden Krankheit litt – an Lepra nämlich. Der Yogi rannte hinter den Dieben her: »Meine guten Leute«, rief er, »was immer ihr mitgenommen habt, betrachtet es als mein Geschenk an euch! Es ist nicht so, dass ich euch die Sachen nicht gönne, aber bitte seid vorsichtig mit dem Krug! An dem haftet der Atem eines Kranken, und ihr könntet von dieser Krankheit befallen werden!« Als der Yogi den Dieben dies näher erklärte, schaute er auf zum Himmel und erblickte dort den Mond, der auf wundervolle Weise leuchtete. Ganz erfüllt von dem Anblick, sagte der Yogi zu den Dieben: »Ich wünschte, ich könnte euch auch noch diesen wunderschönen Mond schenken.«

♦ Das innere Lächeln

Wenn wir zufrieden sind, können wir uns mit all unseren Licht- und Schattenseiten viel besser akzeptieren. Ja, dann können wir uns viel besser annehmen, über uns selbst lachen und uns selbst auch immer wieder mit einem inneren Lächeln beglücken. Dieses Lächeln wirkt sich nicht nur positiv auf unser Gemüt aus, sondern entspannt auch unseren Körper. Die Taoisten glauben sogar, dass die Organe beim Lächeln ein honigähnliches Sekret absondern, das den Körper ernährt und ihm positive Energie zuführt. Sind wir hingegen zornig, aggressiv und schlecht gelaunt, kommt es zur Absonderung eines schädlichen Sekrets, das den Organismus negativ beeinflusst und womöglich die Energieleitbahnen des Körpers verstopft. Darum: Gönnen Sie sich ein Lächeln!
Ein Lächeln kann man sich durchaus angewöhnen. Je häufiger Sie folgende Übung machen, desto eher werden Sie sich daran erinnern zu lächeln. Sie werden sehen, wie sich dadurch Ihre Einstellung zum Leben ändert. Je öfter wir uns selbst ein Lächeln schenken, desto besser vermögen wir uns selbst auch anzunehmen. Und je mehr wir uns annehmen, desto klarer erkennen wir, wie unwichtig das Verhalten anderer ist. Denn je zufriedener wir sind, desto besser können wir auch andere Menschen so akzeptieren, wie sie eben sind.

- Suchen Sie sich ein ruhiges und möglichst schönes Plätzchen in der Natur – in einem kleinen Park in der Nähe Ihres Büros, den Sie in der Mittagspause ohne Aufwand aufsuchen können, oder einfach ein ansprechendes Ambiente, das Sie allein schon durch seine Schönheit erfreut.
- Setzen Sie sich bequem hin.
- Genießen Sie zunächst Ihre Umgebung: die blühenden Blumen, den blauen Himmel und die Vögel, deren Gesang überall zu hören ist.
- Schenken Sie der Natur ein Lächeln und schließen Sie dann die Augen.
- Sammeln Sie sich.
- Kommen Sie an dem Ort an, an dem Sie gerade sind, ohne mit Ihren Gedanken immer wieder ins Gestern oder Morgen abzuschweifen.
- Nehmen Sie Ihren Atem wahr, ohne ihn verändern zu wollen. Entspannen Sie sich. Konzentrieren Sie sich auf den Atem, dann kommt der Geist schneller zur Ruhe.
- Stellen Sie sich nun vor, dass alles Schwere, Traurige und Negative durch Ihre Füße in den Boden sinkt und an der Stelle kleine Butterblumen wachsen.
- Sobald Sie das Gefühl haben, wirklich entspannt zu sein, stellen Sie sich vor, wie Sie sich selbst anlächeln.
- Nehmen Sie dieses Lächeln mit jedem Ein- und Ausatmen ganz bewusst in sich auf. Sie werden spüren, wie sich Ihr Gesicht mehr und mehr entspannt.
- Beenden Sie die Übung, indem Sie sich im Geist noch vor sich selbst verneigen.

Motivation

Wirkliches Leben erfahren wir nur im Hier und Jetzt.
Die Vergangenheit ist schon vorüber,
und die Zukunft ist noch nicht da.
Nur im gegenwärtigen Augenblick können wir
das Leben wirklich berühren.

Thich Nhat Hanh

Gemeint ist im klassischen Yoga die Glut, die Motivation, das innere Feuer, das uns auf dem Yoga-Weg, dem Weg der Selbsterkenntnis, immer wieder vorantreibt. Wenn wir diese Motivation kontinuierlich in unser Berufsleben einbringen und in unser Handeln entsprechend einfließen lassen, ist eine wundervolle Basis für ein zufriedenes und gleichzeitig erfülltes Arbeitsleben gegeben. Natürlich dürfen wir Motivation nicht mit blindem Ehrgeiz verwechseln. Ist dies der Fall, erleben wir womöglich unseren Kollegen als Konkurrenten und nicht als einen uns vertrauten Menschen mit eigenen Bedürfnissen, Wünschen und Ideen. Wie dies aussehen kann, verdeutlicht die folgende Geschichte:

♥ Was lasse ich aus?

Es war einmal ein sehr fleißiger Geschäftsmann, der sehr erfolgreich war. Er interessierte sich immer nur für den Erfolg seines Betriebes, niemals aber für die persönlichen Belange seiner Angestellten. Da er von seinen Mitarbeitern oft mehr verlangte, als sie geben konnten, sank ihre Motivation immer mehr. Der Geschäftsmann war mit einem Abt befreundet. Dieser lud den Geschäftsmann mit seinen besten Mitarbeitern zu einer einwöchigen Klausur in das Kloster ein. Eines Nachts erschien dem Geschäftsführer ein Schutzengel und sagte, er habe einen Wunsch frei. Der Geschäftsführer bat den Schutzengel, ihn direkt ins Haus Gottes zu führen, damit er von Gott erfahren könne, wie sich sein Umsatz verdoppeln ließe. Der Geschäftsmann setzte sich vor die Tür und wartete den ganzen Tag und die ganze Nacht geduldig auf eine Antwort. Dann sah er Gott, und dieser schaute dem Geschäftsmann tief in die Augen. Später in der Nacht vernahm der Geschäftsmann dann eine Stimme, die fragte: »Übersiehst du nicht etwas?« Er sah sich um und hörte die Stimme plötzlich von allen Seiten. »Übersiehst du nicht etwas?« »Übersiehst du nicht etwas?« Der Geschäftsmann hatte Angst, verrückt geworden zu sein, und brauchte nun den Halt eines Menschen. Er stand auf und klopfte an die Tür einer Mönchszelle im Kloster, in dem einer seiner Mitarbeiter schlief. »Was ist?«, fragte eine verschlafene Stimme. »Was übersehe ich denn?« »Mich«, lautete die knappe Antwort. Der Geschäftsmann ging zur nächsten Tür und fragte erneut. Auch hier kam die gleiche Antwort. In dem Moment ging die Sonne auf, und da ihm kein Mensch eine richtige Antwort geben konnte, fragte er die Sonne: »Was übersehe ich denn?« »Mich.« In seiner Verzweiflung warf sich der Geschäftsmann auf den Boden und fragte die Erde, und diese antwortete ihm: »Mich auch.«[16]

Studium der heiligen Schriften

> Wir leben in einer sichtbaren Welt von Wirkungen, die ihre Ursachen in der dahinter liegenden, unsichtbaren, geistigen Welt haben.
>
> *Michael Weiss*

Wenn wir uns regelmäßig zurückziehen und Schriften wie das Yoga-Sutra des Patanjali und auch spirituelle Literatur von klassischen oder modernen Meistern und Autoren lesen, hilft uns das, uns selbst zu erkennen und im Beruf auf das Wichtige und Wesentliche zu achten, anstatt uns in Äußerlichkeiten zu verlieren. Mit Hilfe dieser Bücher vermögen wir die eigenen Schwächen und Stärken deutlicher zu sehen; dann können wir unsere Schwächen entsprechend reduzieren und die Stärken weiter ausprägen. Die Folge ist, dass unser Verständnis für das Sein und die Zusammenhänge aller Dinge tiefer wird und im Idealfall sogar keine Grenzen mehr kennt. Dann können wir auch im Berufsalltag mit schwierigen Situationen besser umgehen, indem wir sie mit dem entsprechenden Abstand betrachten und schließlich aus ihnen lernen.

Auch wenn sich die Sprache und die Vermittlung der tiefsten spirituellen Wahrheiten im Lauf der Jahrtausende verändert haben, so ist der Kern dieser Wahrheiten seit Menschengedenken doch stets der Gleiche geblieben und beispielsweise für einen modernen Exporthändler heute genauso sinnvoll und lehrreich wie für einen indischen Teehändler vor tausend Jahren. Sobald wir uns unmittelbar selbst erfahren, lesen wir auch diese alten Schriften auf eine ganz neue Weise und verstehen ihre tieferen Botschaften, die wir dann im Alltag und Beruf beherzigen können.

♦ Spirituelle Leitsätze

Lesen Sie einen der folgenden Sätze im Lauf eines Tages immer wieder. Versuchen Sie, die jeweilige Aussage von innen heraus zu erfassen und auf sich wirken zu lassen.

- »Bevor wir andere etwas lehren, bevor wir andere verändern, müssen wir uns selbst verändern. Wir müssen ehrlich, aufrichtig, gutherzig sein.« (Dalai Lama)
- »Wenn der Atem wandert oder ungleichmäßig ist, dann ist auch der Geist unruhig. Doch wenn der Atem ruhig ist, ist der Geist es auch, und der Yogi lebt lange. Deshalb sollte man seinen Atem beherrschen.« (Hatha Yoga Pradipika, 2, 2)

- »Die Asana-Praxis ist ein konkreter Weg, um den Geist in Gleichmut zu üben.« (Willem Dafoe)
- »Wahres Mitgefühl ist universal anwendbar. Es ist begleitet von einem Gefühl der Verantwortlichkeit.« (Dalai Lama)

Hingabe an das Höchste

Wenn ihr im Innersten
jenes Singen vernehmt,
wisst ihr, dass euer
Yoga seine Wirkung tut.

Svatmarama Yogi

Wenn wir uns von Äußerlichkeiten mehr und mehr lossagen und davon ablassen, primär nur unser Wohl und unsere Karriere vor Augen zu haben, und erkennen, dass wir mit allen Menschen verbunden sind und dass jeder Mensch im Prinzip göttlich ist, dann entsteht mit der Zeit ganz organisch der Wunsch, uns dem Höchsten – wie es im Sutra des Patanjali heißt – selbst hinzugeben. Dann beginnen wir, zum Wohl aller Wesen zu handeln. Wir erkennen dann beispielsweise, dass ein Arbeitskollege, den wir immer nur abgelehnt haben, ebenso ein göttliches Wesen ist wie wir selbst. Gelingt uns dies, erfahren wir unseren Arbeitsplatz als einen Ort der Freude und als eine Quelle der Inspiration.

3. Speiche: Mehr Energie am Arbeitsplatz

Eine Asana ist eine Körperstellung,
die stabil und zugleich leicht ist.

R. Sriram

Im ursprünglichen Sinn dienten die Körperstellungen, die so genannten Asanas, im Yoga dazu, den Yogi über einen langen Zeitraum hinweg schmerzfrei im Meditationssitz verharren zu lassen. Die Stellungen waren gleichsam ein Übungsprogramm, das den Körper einerseits geschmeidig und flexibel machte, ihn jedoch andererseits als Behausung der Seele gesund und kraftvoll erhielt. Asanas haben eine harmonisierende und gesundheitsfördernde Wirkung auf Körper und Geist.

Im Business-Yoga sollen die Übungen uns helfen, den im Berufsalltag oft nur einseitig belasteten Körper wieder locker zu machen und dafür zu sorgen, dass die Muskeln sich wieder entspannen. Viele Menschen, die den ganzen Tag am PC arbeiten, wissen aus eigener Erfahrung, dass durch die einseitige Betätigung der gesamte Schulter-Nacken-Bereich in Mitleidenschaft gezogen wird und sich verspannt, was dann zu Kopfschmerzen und Migräne führen kann. Es werden daher in diesem Kapitel vor allem Übungen vorgestellt, die auf die Bedürfnisse von Menschen im Berufsleben zugeschnitten sind und sich gut bewährt haben.

Asanas helfen uns auch, eine gute Erdung zu finden. Gemeint ist eine gesunde Körperhaltung, die entsteht, wenn unser Gewicht gleichmäßig auf beiden Füßen verteilt ist. Auf diese Weise verfügen wir nicht nur über einen besseren Stand und entlasten die Wirbelsäule, sondern wir lernen im übertragenen Sinn auch, im Arbeitsalltag fester auf eigenen Beinen zu stehen und für unser Tun geradezustehen, also die volle Verantwortung zu übernehmen.

Asanas dienen nicht nur dazu, die Muskeln zu dehnen oder zu entspannen, sondern sie wirken sich auch immer auf unser emotionales Befinden und auf unser seelisches Gleichgewicht aus. Je häufiger wir beispielsweise die Stellung des Berges einnehmen und uns dabei vorstellen, dass nichts uns umwerfen kann, desto mehr verinnerlichen wir auch im Alltag, dass wir stark wie ein Berg sind. Dann können wir plötzlich zu Besprechungen, die uns früher verunsichert haben, mit Selbstvertrauen gehen, denn schließlich weisen wir ja jetzt die Eigenschaften eines Berges auf.

Asanas sind auch hilfreich, um eine solide Basis zu erlangen. Durch die Yoga-Praxis können wir früher oder später erkennen, dass diese solide Basis nirgendwo anders zu finden ist als in uns selbst.

Auf der körperlichen Ebene stellt die Beckenschale unsere Basis dar, gebildet durch den Beckenring, das Kreuzbein und die Muskulatur des Unterbauchs. Der Boden ist die elastische Beckenbodenmuskulatur, die wie eine kleine Schale in die Knochenschale des Beckens eingefügt ist. Hier in dieser Schale ruhen auch Blase, Enddarm und die inneren Geschlechtsorgane sowie die Schlingen des Dünndarms. Obwohl die Beckenschale über Haltebänder am Rand – den Beckenknochen und dem Kreuzbein – befestigt ist, verrutscht sie, wenn das Becken nicht aufgerichtet ist. Bei Frauen, bei denen das Becken im Stand nach vorn gekippt ist, sinkt die Beckenschale besonders schnell nach vorne unten ab. Sinnbildlich kann man die Beckenschale und die Organe mit einer Schale vergleichen, die mit Wasser gefüllt ist. Ist das Becken nicht in seiner gemäßen Stellung, dann ist es, als würde das Wasser aus der Schale fließen. Befindet sich das Becken hingegen in der richtigen Position, dann ist auch die Wasserschale in der richtigen Position und in Harmonie. Vergleichsweise könnte man sagen, dass ein nach vorn gekipptes Becken einem Wasserfall gleicht, dessen Wasser in ein Tal hinunterströmt, wohingegen ein aufgerichtetes Becken einem ruhigen Weiher ähnelt.[17]

Im Yoga wie in anderen spirituellen Traditionen geht man davon aus, dass die Lebenskraft eines Menschen im Becken angesiedelt ist. So ist im Zen-Buddhismus zum Beispiel von *Hara* die Rede; bei bestimmten Meditationsformen konzentriert man sich besonders auf diesen Bereich, um mit der Lebenskraft in Kontakt zu kommen. Aus diesem Grund wird in manchen Regionen und Traditionen Asiens der Buddha auch oft mit einem recht dicken Bauch dargestellt, was auf seine Vitalität und Lebenskraft hinweist. Wird nun also das Becken auf Grund einer falschen Stellung nach vorn oder hinten gekippt, fließt diese Lebensenergie aus dem Körper wie das Wasser aus einer Schale, die nicht richtig steht. Die Folge ist, dass einem dann nicht mehr die ganze Energie zur Verfügung steht und man nicht nur auf der körperlichen, sondern auch auf der emotionalen und seelischen Ebene nicht mehr so belastbar ist. Befindet sich das Becken hingegen im Lot, dann lassen sich auch arbeitsintensive Zeiten im Geschäftsleben besser bewältigen und man fühlt sich nicht so schnell ausgelaugt und leer.

Die Yoga-Praxis stellt aber auch eine wundervolle Möglichkeit dar, sich mit Hilfe von einfachen Übungen besser kennen zu lernen. Je nachdem, wie wir die Asanas durchführen, spiegeln sie unser Verhalten im Alltag wieder und zeigen uns unsere Struktur auf. Außerdem reflektieren sie, welche körperlichen, geistigen und seelischen Angewohnheiten ein Mensch im Lauf seines Lebens angenommen hat. Indem wir die Übungen bewusst ausführen, erkennen wir, welche uns besonders gut tun oder womöglich auch schaden. Deshalb gilt es bei der Durchführung, unbedingt auf die eigene Körperweisheit zu achten. Wir sollten die Übungen immer so machen, dass wir uns dabei wohl fühlen. Solange eine Übung leicht und mühelos geht und sich gut anfühlt, tut sie auch unserem Körper und Geist gut.

Power für den Beckenboden

> Yoga ist
> ein dauerhafter Zustand der Ruhe.
>
> *Bhagavadgita*

Verschiedene Business-Yoga-Übungen mit dem Becken verschaffen uns die nötige Energie, um den ganzen Tag konzentriert und motiviert bei der Arbeit zu bleiben. Auch wenn der Beckenboden von außen nicht sichtbar ist, spielt er beim Geradehalten des Körpers und als Lieferant für Energie eine wichtige Rolle. Richten wir das Becken auf, richtet sich auch der übrige Körper auf, die Wirbelsäule streckt sich, die Schultern können entspannen, und man wächst gleichsam über sich selbst hinaus. Der Atem wird weiter, und das Blut kann ungehindert in alle Zellen des Körpers strömen. Allein das Aufrichten des Beckens führt dann schon dazu, dass wir spüren, wie der ganze Körper mit frischer Energie versorgt wird. Konzentrieren wir uns dann noch ganz bewusst auf unsere Basis – das Becken eben – und gehen wir mit der gesamten Aufmerksamkeit dorthin, können wir zudem noch lernen, in uns zu ruhen und zu entspannen. Die Folge ist, dass wir noch mehr Energie erhalten, denn Ruhe und Energie bedingen einander und lassen sich nicht trennen.
Wenn wir darüber hinaus mit den Muskeln des Beckenbodens arbeiten, können wir mit der Zeit noch mehr Energie freisetzen, die dort ungenutzt geschlummert hat. Dazu müssen wir uns zuerst einmal bewusst machen, wo der Beckenboden sich genau befindet und wie er am besten zu aktivieren ist.
Die hier aufgeführten Übungen für den Beckenboden können Sie – abgesehen von der ersten Übung, die Sie zu Hause praktizieren sollten – im Lauf eines Arbeitstages immer wieder durchführen. Mit der Zeit werden Sie dann spüren, wie Ihre Beckenmuskulatur aktiviert und gestärkt wird und sich Ihre Haltung verbessert. Außerdem werden Sie auch feststellen, dass Sie mehr in Ihre Mitte gelangen.

♦ Die eigene Basis spüren

- Sie liegen zu Hause auf dem Rücken, ein dickes Kissen unter die Schultern geschoben, sodass Sie praktisch halb aufgerichtet sitzen.
- Stellen Sie die Füße auf und berühren Sie mit den Fingerspitzen Ihrer rechten Hand den Damm.
- Spannen Sie ausatmend den Schließmuskel an und lösen Sie die Anspannung, wenn Sie wieder einatmen. Wiederholen Sie die Übung und beobachten Sie dabei, wie der Damm sich verhält. Bei der Anspannung wölbt sich der Damm normalerweise nach innen, bei der Entspannung kommt er wieder in die Ausgangsstellung zurück.
- Üben Sie so lange, bis Sie die Bewegung Ihres Beckenbodens ganz deutlich unter Ihren Fingerspitzen wahrnehmen.
- Wiederholen Sie diese Übung immer wieder. Sie werden feststellen, dass Sie Ihre Basis mit der Zeit immer bewusster spüren – und zwar auf allen Ebenen.

♦ Energie für den Beckenboden

- Setzen Sie sich auf die vordere Kante Ihres Bürostuhls oder eines Hockers. Legen Sie die Hände seitlich an die Beckenschaufel, die spürbaren Beckenknochen. Die Daumen zeigen in dieser Stellung nach hinten, die Finger nach vorne.
- Schließen Sie die Augen und gehen Sie mit Ihrer Aufmerksamkeit ganz bewusst zu Ihrem Becken. Lassen Sie das Becken ganz bewusst und entspannt nach vorne sinken, sodass Sie ins Hohlkreuz kommen.
- Spannen Sie nun ausatmend die Muskeln Ihres Beckenbodens an und beobachten Sie, wie sich das Becken in Ihren Händen aufrichtet und sich der Rücken verlängert.
- Wiederholen Sie den Wechsel von Anspannung und Entspannung einige Male im Rhythmus Ihres Atems.

♦ Mobilisierung des Beckenbodens – Teil 1

- Sie sitzen auf Ihrem Bürostuhl. Schieben Sie Ihre Hände unters Gesäß, bis Sie Ihre Sitzhöcker deutlich spüren.
- Entspannen Sie Ihr Becken und gehen Sie dabei leicht nach vorn, sodass Sie etwas ins Hohlkreuz kommen.
- Ziehen Sie nun ausatmend die Sitzhöcker kräftig zueinander, sodass sie sich unter Ihren Händen nach innen wölben.
- Beobachten Sie, wie sich dabei Ihr Becken aufrichtet und sich die Beckenschale nach oben etwas zu weiten scheint, während sich der untere Rücken leicht verlängert.
- Lassen Sie beim Einatmen locker. Dabei können Sie deutlich wahrnehmen, wie sich die Sitzhöcker in Ihre Hände drücken.
- Üben Sie diesen Wechsel von An- und Entspannung einige Male ganz bewusst.

♦ Mobilisierung des Beckenbodens – Teil 2

- Sie sitzen mit aufrechtem Rücken auf Ihrem Bürostuhl.
- Spannen Sie nun mit dem Ausatmen die Beckenbodenmuskeln an und stellen Sie sich dabei vor, wie sich die Sitzhöcker von innen aufeinander zubewegen.
- Lösen Sie die Anspannung, bevor Sie wieder einatmen.
- Achten Sie darauf, dass die Gesäßmuskeln entspannt bleiben und die An- und Entspannung wirklich nur mit Hilfe der Beckenbodenmuskulatur erfolgt.
- Wiederholen Sie dieses Krafttraining für die Beckenbodenmuskulatur etwa zwanzig Mal.

Kraftvoll stehen

> Gehe um Hindernisse herum
> und nicht geradewegs auf sie zu.
> Kämpfe nicht um den Sieg,
> sondern warte geduldig
> auf den richtigen Zeitpunkt.
>
> *Tao Te Ching*

Mit beiden Beinen gleichmäßig und fest auf dem Boden zu stehen will geübt sein. Es gibt Menschen, die mehr ihre Fußballen belasten, andere hingegen legen mehr Gewicht auf den hinteren Teil ihrer Füße. Schauen wir uns einmal die Sohlen unserer Schuhe an, die meist auf eine bestimmte Weise abgetragen sind, wissen wir genau, wozu wir neigen. Durch eine derartige ungleichmäßige Belastung befinden wir uns jedenfalls nicht in unserer Körperachse; im übertragenen Sinn fehlt es uns an der rechten Erdung. Nur wenn wir sowohl auf dem vorderen als auch auf dem hinteren Teil der Füße stehen, werden sie gleichmäßig belastet, und der ganze Körper kann eine gerade Haltung einnehmen. Dabei wird das Gewicht des Körpers gleichmäßig auf die Großzehenballen, Kleinzehenballen und die äußeren Fersenballen verteilt. In dieser Position befindet sich der Körper im optimalen Stand, und die Hüfte und die Wirbelsäule werden nicht übermäßig belastet.

Anfangs mag diese Art zu stehen ja etwas ungewohnt scheinen – und vielleicht auch etwas steif wirken. Doch mit der Zeit wird spürbar, wie entspannend und entlastend diese Stellung für den Körper ist. Zudem kommt man durch diese Haltung ganz anders mit dem Boden in Kontakt. Man steht im wahrsten Sinn mit beiden Beinen fest auf dem Boden. Im Alltag ist uns das dann im übertragenen Sinn sehr von Nutzen, wenn uns Erdung und Standfestigkeit abverlangt werden.

Für eine gute Erdung ist es aber gleichzeitig auch wichtig, um den Rumpf flexibel, dehnbar und entspannt zu halten. Dies lässt sich durch verschiedene Standübungen erreichen, die im Anschluss an die erste Übung, den Berg, noch aufgezeigt werden.

♦ Der Berg

Die folgende Übung empfiehlt sich besonders, wenn Sie zum Beispiel vor einer wichtigen Besprechung oder Präsentation unsicher oder unruhig sind und Erdung, Standfestigkeit und Entspannung brauchen.

- Sie stehen aufrecht da, die Füße sind parallel. Verwurzeln Sie diese gedanklich im Boden.
- Richten Sie nun die Wirbelsäule auf. Vermeiden Sie es, dabei ins Hohlkreuz zu gehen. Die Beine sind gerade, die Knie jedoch nicht durchgedrückt. Die Hände liegen ganz eng am Körper an, die Schultern sind leicht nach hinten genommen. Der Kopf ist aufgerichtet, der Blick geht nach vorn.
- Spannen Sie nun zuerst den ganzen Körper von unten nach oben an.
- Lassen Sie die Spannung wieder los.
- Breiten Sie nun mit dem nächsten Einatmen die Arme aus, sodass Sie in die Stellung des Berges kommen.
- Bleiben Sie in dieser Stellung und verbinden Sie sich mit den Eigenschaften eines Berges: Stärke, Kraft, Widerstandsfähigkeit.
- Bleiben Sie so lange in der Stellung, bis Sie das Gefühl haben, über die notwendige Kraft zu verfügen, die Sie für das anstehende Gespräch oder den nächsten Schritt in Ihrem Leben brauchen.

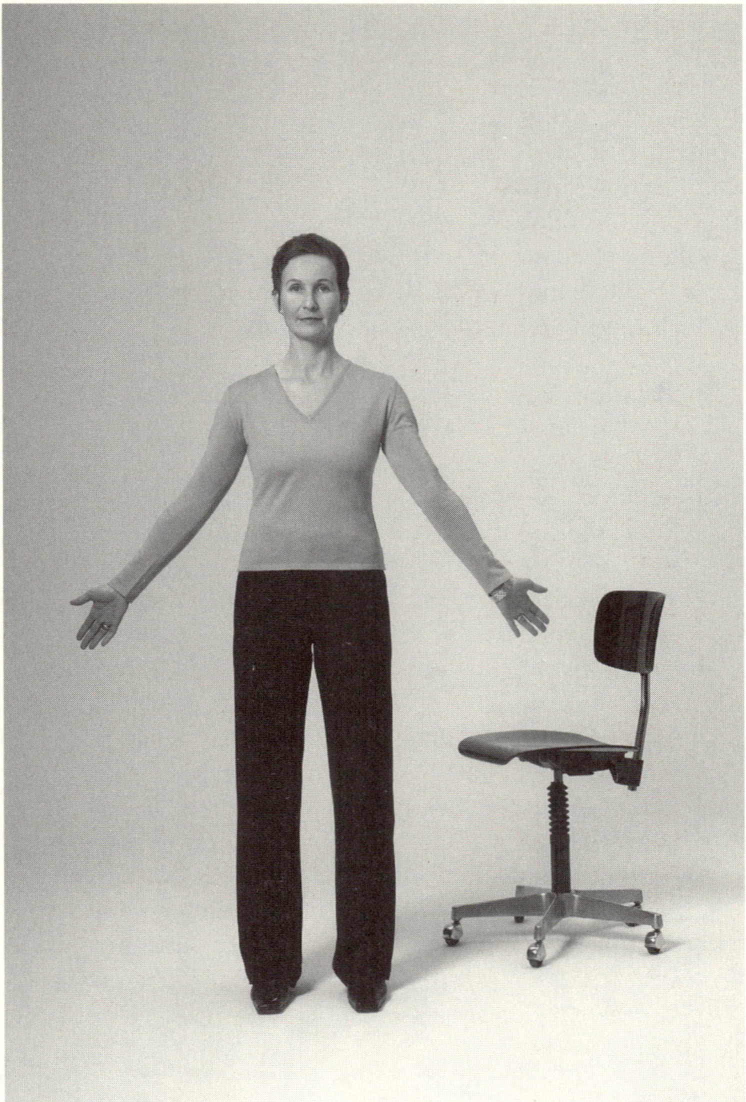

Der Berg

♦ Halber Bogen

Diese Übung dehnt die seitliche Rumpfmuskulatur und den Ischias und beugt somit Ischiasbeschwerden vor. Außerdem vergrößert sie das Lungenvolumen, wodurch die Bauchatmung verbessert wird.

- Sie stellen sich in aufrechter Position hin. Die Füße stehen schulterbreit auseinander.
- Heben Sie mit dem Einatmen den rechten Arm gestreckt nach oben bis über den Kopf. Beim Ausatmen neigen Sie den Oberkörper sanft nach links, bis Sie die Dehnung spüren; sie darf nicht schmerzhaft sein.
- Bleiben Sie nun einige Atemzüge lang in dieser Stellung. Gehen Sie dabei mit Ihrer Aufmerksamkeit zuerst zu dem Punkt im Körper, an dem Sie die Dehnung am intensivsten spüren.
- Versuchen Sie nun, den Körper von innen heraus als Ganzes wahrzunehmen.
- Halten Sie die Stellung, solange es Ihnen angenehm ist.
- Lösen Sie die Stellung dann auf, indem Sie in die aufrechte Position zurückkommen und die Arme senken.
- Wechseln Sie nun die Seite. Das heißt, führen Sie die Übung mit dem linken Arm durch. Bleiben Sie hier ebenso lange in der Stellung.
- Lösen Sie die Stellung auf und spüren Sie bei verschlossenen Augen in aufrechter Position der Übung nach.

Halber Bogen

♦ Die Vorbeuge

Bei der folgenden Übung werden besonders die Wirbelsäule und die sie umgebende Muskulatur entspannt. Die Dehnung geht mit rhythmischen Kontraktionen der Rückenmuskulatur einher, sodass ein Pulsieren entsteht, das der Stärkung der Rückenmuskulatur förderlich ist.[18] Die Übung empfiehlt sich auch bei Müdigkeit, da sie das Gehirn mit frischem Sauerstoff versorgt.

- Sie stehen etwa einen halben Meter in einer weiten Grätsche vor Ihrem Bürostuhl. Die Füße sind parallel.
- Schieben Sie nun das Becken nach hinten und beugen Sie sich aus dem unteren Rücken heraus mit geradem Rücken so weit nach vorn, bis Sie die Hände oder Unterarme bequem auf die Stuhllehne legen können.
- Dehnen Sie Ihre Wirbelsäule über das Becken nach hinten und über den Scheitelpunkt nach vorn. Der Kopf bleibt während der Stellung in der Verlängerung der Wirbelsäule, sodass die Ohren auf Höhe der Oberarme sind.

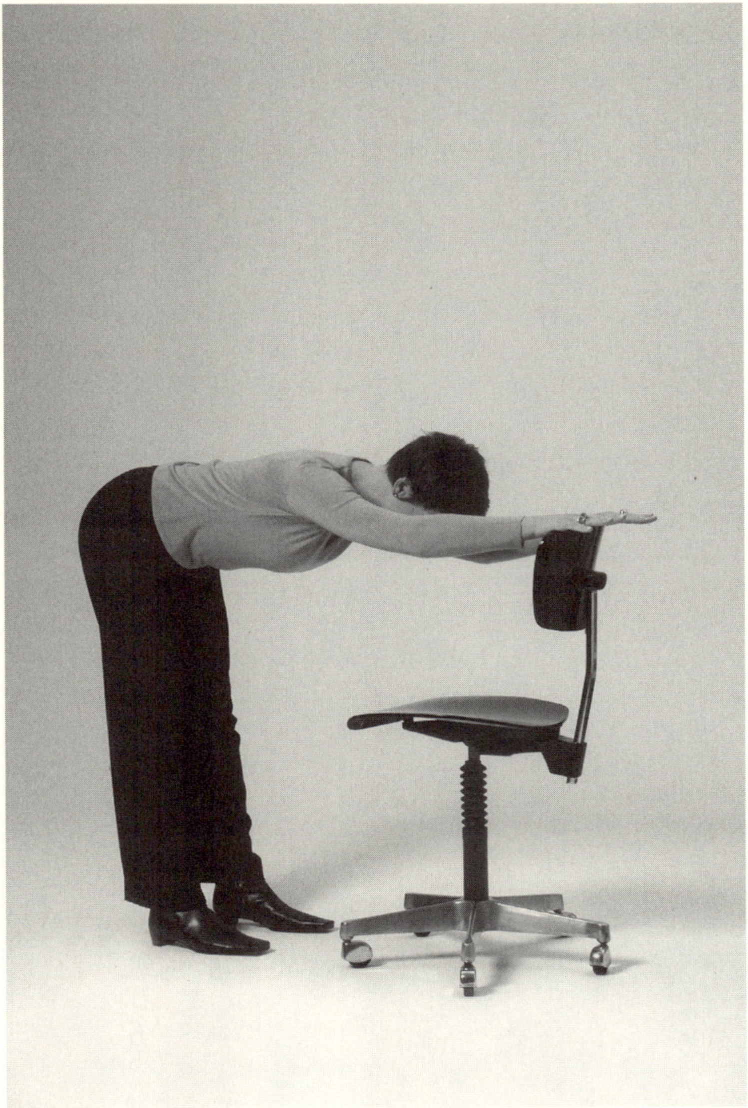

Die Vorbeuge

♦ Der Kniekuss

Die folgende Übung eignet sich besonders, wenn Sie etwa durch eine anstrengende Sitzung oder einen langen Arbeitstag im Rücken verspannt und müde sind. Während Sie die Übung durchführen, können Sie wahrnehmen, wie sich die Wirbelsäule und die sie umgebende Muskulatur entspannt und Ihr Gehirn durchblutet wird.

- Sie stehen aufrecht da, die Füße sind eng zusammen.
- Bringen Sie mit dem Einatmen die Arme gestreckt nach oben. Haken Sie die Daumen ineinander.
- Variante 1: Mit dem Ausatmen beugen Sie den Oberkörper mit geradem Rücken und ausgestreckten Armen und Händen bis zum Boden. Hierbei bleibt der Kopf zwischen den Armen und in der Verlängerung der Wirbelsäule ausgerichtet.
- Variante 2: Anfänger beugen den Oberkörper mit geradem Rücken, bringen die Hände mit dem Ausatmen aber nur bis hinter die Knie.
- Umfassen Sie nun entweder mit den Händen die Unterschenkel und drücken Sie den Oberkörper an den Unterkörper oder lassen Sie die Hände ganz entspannt auf den Boden sinken. Halten Sie die Stellung mehrere Atemzüge lang.
- Winkeln Sie im Stehen die Beine an und rollen Sie Ihre Wirbelsäule Wirbel für Wirbel auf.

Der Kniekuss

♦ Aushängen

- Der Kniekuss im Stehen lässt sich erweitern, indem Sie die Arme ineinander verschränken. Dadurch wird die Wirbelsäule noch mehr gedehnt und der gesamte Rücken gestreckt.

Bewusstes Sitzen

Sitzend lassen wir uns
nicht nur auf einem Stuhl nieder,
sondern – bewusst geübt –
immer auch im Hier und Jetzt.

Anna Trökes

Die meisten Berufstätigen verbringen den Tag im Sitzen. Wir sitzen sogar so viel, dass sich bei uns mittlerweile der Begriff Sitzkultur eingebürgert hat. Aber obwohl wir so viel sitzen – zum Beispiel auf dem Weg in die Firma im Bus oder Auto, bei der Arbeit, in der Kantine, auf Geschäftsreisen im Zug oder Flugzeug und auch noch zu Hause beim Fernsehen –, haben wir keine wirkliche Kultur des Sitzens entwickelt. Das heißt, die meisten Menschen sitzen, ohne darauf zu achten, ob ihre Sitzhaltung für ihren Körper auch gut ist.
Wieder sitzen zu lernen bedeutet, dass wir uns bewusst und achtsam auf das einlassen, was wir gerade tun. Genau aus diesem Grund spielt der bewusste Sitz sowohl im klassischen Yoga als auch im Business-Yoga eine so wichtige Rolle. Denn nur mit der entsprechenden Aufmerksamkeit können wir innerlich wirklich zur Ruhe kommen und uns auf dieser Basis dann dem zuwenden, was der Arbeitsalltag uns abverlangt.
Der vietnamesische Mönch Thich Nhat Hanh, der vor allem durch seine Achtsamkeitsübungen bekannt geworden ist, hat in seinem Kloster in Südfrankreich in den Computern seiner Mitarbeiter ein viertelstündiges Glockenläuten installieren lassen.

Aushängen

In dem Moment, wenn die Glocken läuten, halten alle einen Moment inne, um sich zu sammeln und sich wieder ganz bewusst auf den gegenwärtigen Augenblick zu konzentrieren.

♦ Power-Mudra

Die folgende Übung empfiehlt sich besonders, wenn Sie merken, dass Sie sich nicht mehr auf Ihre Arbeit konzentrieren können. Das so genannte Power-Mudra[19] synchronisiert die beiden Gehirnhälften – also Rationalität und Emotionalität –, hebt die Stimmung und verbessert die Atmung im oberen Brustraum, der für die geistige Frische zuständig ist.

- Reiben Sie die Hände ganz bewusst aneinander, klatschen Sie dann in die Hände und schütteln Sie Ihre Hände abschließend aus.
- Setzen Sie sich aufgerichtet, mit geradem Rücken auf Ihren Bürostuhl. Die Beine stehen im rechten Winkel.
- Verschränken Sie die Hände und legen Sie die Hände an die Brust.
- Drehen Sie mit dem nächsten Einatmen die Handinnenseiten nach außen und strecken Sie die Arme so weit wie möglich aus.
- Mit dem Ausatmen beugen Sie die Hände wieder und legen sie zurück an die Brust.
- Beugen und strecken Sie die Hände dann mehrmals in der Haltung des Power-Mudra nach oben, nach unten, nach rechts und nach links.
- Legen Sie die Hände nun verschränkt an den Hinterkopf.
- Drücken Sie die Ellbogen einatmend mit etwas Druck nach hinten und lösen Sie den Druck mit dem nächsten Ausatmen.

Power-Mudra

♦ Anrufung der Energie

Bei Müdigkeit, einem Gefühl von Kraftlosigkeit oder fehlendem Durchhaltevermögen unterstützt Sie die folgende Übung, einen intensiven Arbeitstag voller Energie bis zum Ende zu meistern.

- Sie sitzen aufrecht auf Ihrem Bürostuhl. Die Fingerspitzen berühren sich vor dem Unterbauch, ohne aber auf dem Bauch aufzuliegen.
- Atmen Sie nun ganz bewusst in die Hände ein und aus.
- Gehen Sie jetzt mit Ihren Händen zum Brustkorb, wo sich die Hände wieder mit den Fingerspitzen berühren, ohne aber den Brustraum zu berühren.
- Atmen Sie wieder ganz bewusst in die Hände ein und aus.
- Gehen Sie nun mit Ihren Händen weiter zu den Lungenspitzen, wo sich die Hände wieder mit den Fingerspitzen berühren.
- Atmen Sie erneut ganz bewusst in die Hände ein und aus.
- Stellen Sie die Arme nun angewinkelt auf, atmen Sie wieder in die Hände hinein und stellen Sie sich vor, wie Sie vitalisierende Energie aus dem Kosmos erhalten. Nehmen Sie diese Energie so lange in sich auf, bis Sie das Gefühl haben, aufgetankt zu haben.
- Lassen Sie die Arme nun langsam sinken und legen Sie die Hände auf die Oberschenkel. Spüren Sie mit geschlossenen Augen der Übung nach.

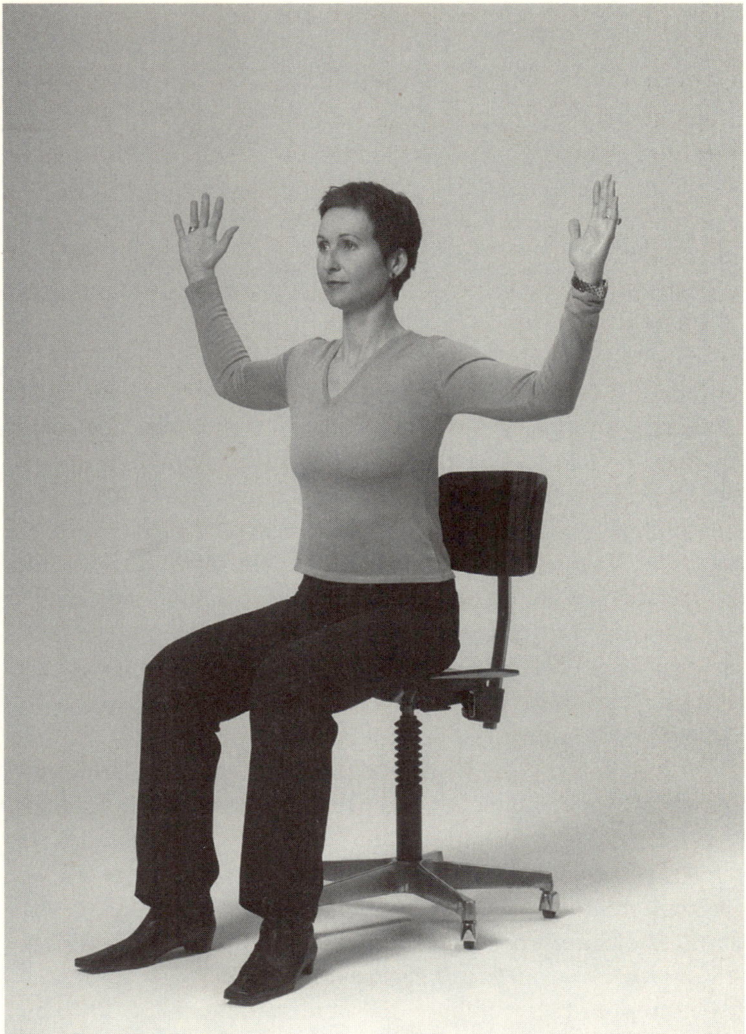

Anrufung der Energie

Durchblick bewahren

> Leben ist der Film,
> den du mit deinen eigenen,
> einzigartigen Augen siehst.
>
> Es fällt kaum ins Gewicht,
> was da draußen vor sich geht.
>
> Wie du es aufnimmst
> – das zählt.
>
> *Denis Waitley*

Die Augen spielen eine wichtige Rolle für den Menschen. Mit ihnen nehmen wir unsere Umwelt wahr. Und sie helfen uns im übertragenen Sinn, die Dinge klarer zu sehen, das heißt richtig einzuschätzen. Eine intakte Sehkraft ist somit auch im Berufsleben von immenser Bedeutung. Besonders für Menschen, die den ganzen Tag am PC sitzen, ist es unerlässlich, immer wieder Augenübungen zu machen. Es stellt für unsere Augen nämlich eine große Belastung dar, wenn sie den ganzen Tag immer nur auf einen bestimmten Fixpunkt gerichtet sind. Außerdem nimmt die Sehkraft ab, je schlechter unsere Augen durchblutet sind. Deshalb sind eine bewusste, tiefe Atmung, das Trainieren der Sehmuskeln sowie eine gute Durchblutung im Kopfbereich besonders wichtig.

Mit den folgenden Übungen können Sie Ihre Sehmuskeln stärken und die Augen entspannen; darüber hinaus verbessern sämtliche Sehübungen auch die Konzentrationsfähigkeit.

Von den im Folgenden aufgeführten Augenübungen sollte täglich immer nur eine durchgeführt werden. Nehmen Sie dazu die Brille ab; Kontaktlinsen können während der Übung getragen werden.

♦ Energie für die Augen

- Sie sitzen mit aufrechtem Rücken auf Ihrem Bürostuhl. Beide Füße stehen auf dem Boden, die Beine im rechten Winkel.
- Laden Sie nun Ihre Hände energetisch auf, indem Sie die Handinnenflächen kräftig aneinander reiben. Reiben Sie so lange, bis sie heiß sind.
- Legen Sie jetzt Ihre Hände leicht gewölbt auf die geschlossenen Augen.
- Spüren Sie, wie die wohlige Wärme und Energie, die von Ihren Händen ausgeht, Ihre Augen entspannt.
- Sobald Sie das Gefühl haben, dass die Wärme in den Händen nachlässt, wiederholen Sie die Übung und laden Ihre Hände erneut auf.
- Laden Sie Ihre Hände insgesamt drei Mal auf.
- Danach lassen Sie Ihre Hände auf die Oberschenkel sinken und spüren der Übung bei drei tiefen, bewussten Atemzügen nach. Die Augen bleiben noch einen Moment geschlossen.

♦ Der rote Punkt

- Sie sitzen mit aufrechtem Rücken auf Ihrem Bürostuhl. Beide Füße stehen auf dem Boden, die Beine im rechten Winkel.
- Heben Sie den rechten Arm und strecken Sie ihn nach vorn in Augenhöhe aus.
- Nehmen Sie den Zeigefinger nach vorn und deuten Sie damit im Geist auf einen roten Punkt.
- Kreisen Sie anschließend langsam mit dem Zeigefinger um den gedachten roten Punkt. Der Blick folgt dabei dem Zeigefinger.
- Schließen Sie nun Ihre Augen und entspannen Sie sich.

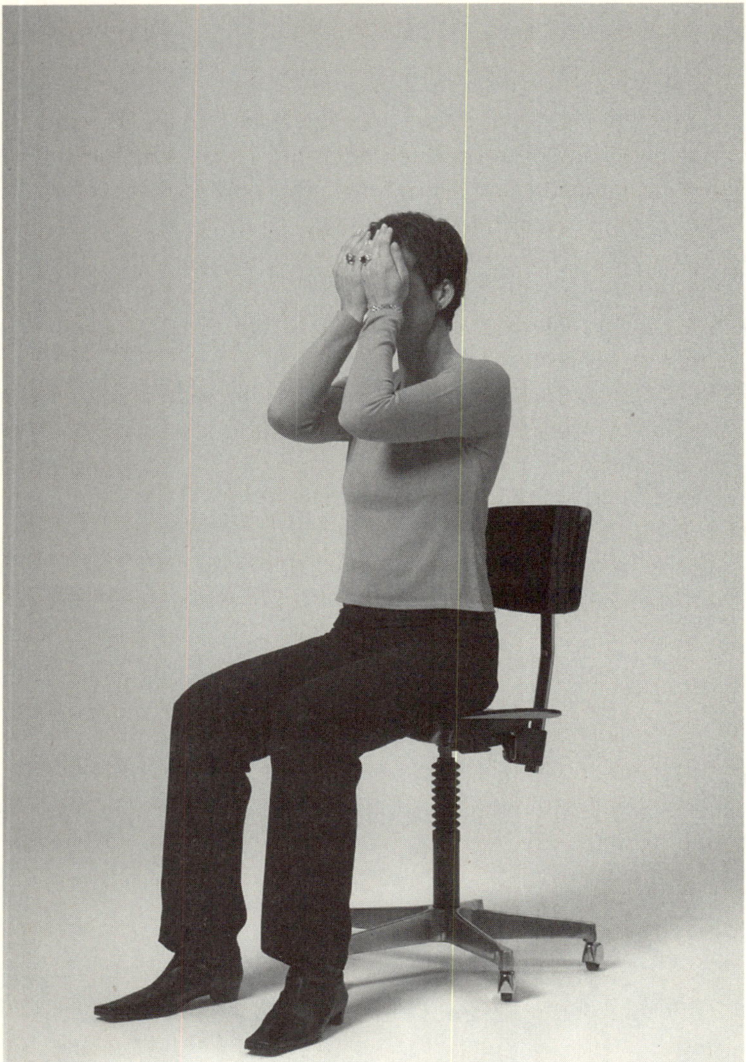

Energie für die Augen

♦ Daumen rauf

- Sie sitzen mit aufrechtem Rücken auf Ihrem Bürostuhl. Beide Füße stehen auf dem Boden, die Beine im rechten Winkel.
- Strecken Sie nun den rechten oder den linken Arm ganz aus und bringen Sie ihn bis auf Augenhöhe. Machen Sie eine leichte Faust, wobei der Daumen nach oben zeigt.
- Fixieren Sie nun mit beiden Augen den Daumen.
- Ziehen Sie den Daumen ganz langsam in Richtung Nase. Dabei bleibt der Blick die ganze Zeit auf den Daumen gerichtet.
- Nachdem Sie mit dem Daumen die Nasenspitze berührt haben, bewegen Sie den Daumen nach unten und folgen ihm so lange mit den Augen, bis er wieder in seiner Ausgangsposition ist. Ihr Kopf bewegt sich dabei nicht.
- Wiederholen Sie die Übung zwei bis drei Mal.
- Schließen Sie danach Ihre Augen und entspannen Sie.
- Massieren Sie nun ganz bewusst Ihre Schläfen in beide Richtungen.
- Legen Sie die Hände jetzt wieder auf die Oberschenkel, lassen Sie die Augen noch geschlossen und spüren Sie der Übung nach.

♦ Daumen runter

- Sie nehmen die gleiche Ausgangsposition ein wie bei der Übung »Daumen rauf«. Der einzige Unterschied ist, dass der Daumen dieses Mal nach unten zeigt.
- Fixieren Sie den Daumen und führen Sie ihn langsam an Ihre Stirn heran. Berühren Sie dann mit dem Daumen die Stirn und ziehen Sie den Daumen nun gerade nach oben weg. Folgen Sie ihm dabei so lange wie möglich mit den Augen.
- Wiederholen Sie die Übung zwei bis drei Mal.
- Schließen Sie die Augen und entspannen Sie.
- Massieren Sie nun ganz bewusst mit festem Druck den Punkt zwischen den Augen oberhalb der Nasenwurzel in beide Richtungen.

♦ Das Pendel

- Sie sitzen mit aufrechtem Rücken auf Ihrem Bürostuhl. Beide Füße stehen auf dem Boden, die Beine im rechten Winkel.
- Schließen Sie nun die Augen und stellen Sie sich im Geist eine große weiße Wand vor. Auf dieser Wand sehen Sie ein großes Pendel, das ständig im gleichen Rhythmus hin und her schwingt.
- Verfolgen Sie diese Pendelbewegung mit Ihren geschlossenen Augen ganz aufmerksam einige Male; die Augen bewegen sich dabei von rechts nach links und wieder zurück.
- Lassen Sie die Pendelbewegung ganz langsam ausklingen.
- Halten Sie die Augen noch eine Weile geschlossen und spüren Sie der Übung nach.

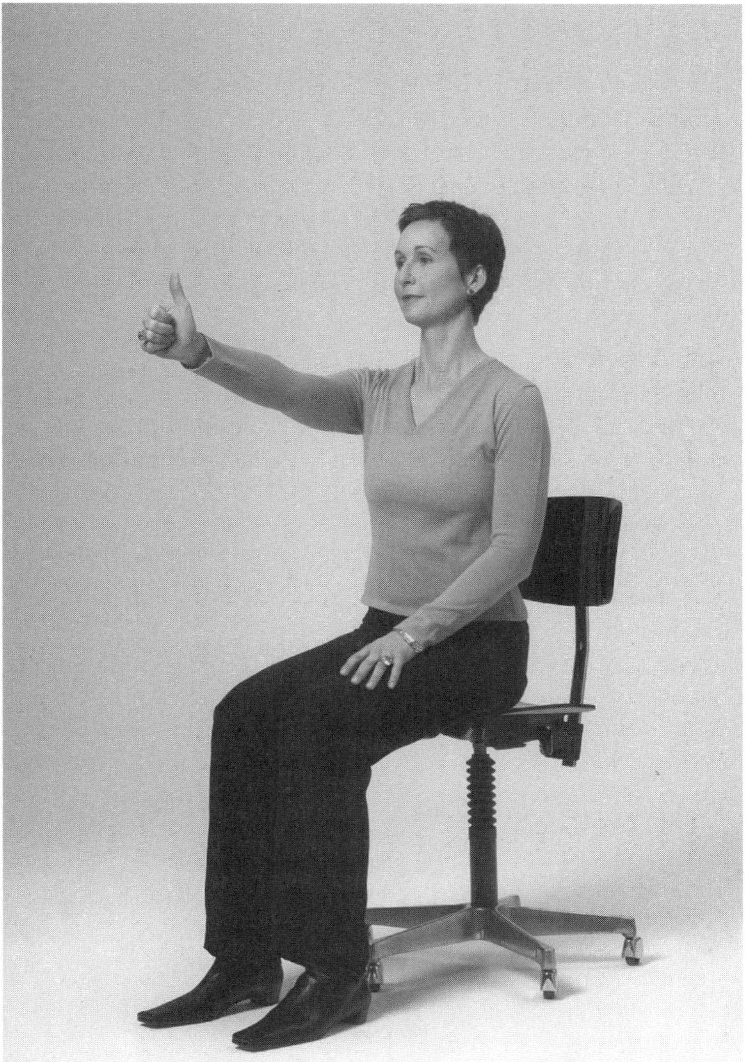

Daumen rauf

♦ Rauf und runter

- Sie sitzen mit aufrechtem Rücken auf Ihrem Bürostuhl. Beide Füße stehen auf dem Boden, die Beine im rechten Winkel.
- Reiben Sie nun die Handinnenflächen so lange aneinander, bis sie warm sind.
- Legen Sie die Hände auf die geschlossenen Augen, wobei Sie mit den Handinnenflächen leichte Höhlungen bilden.
- Während die Hände auf den geschlossenen Augen ruhen, schauen Sie nun dreimal diagonal langsam nach rechts oben und links unten.
- Dann reiben Sie die Hände wieder so lange aneinander, bis sie heiß sind, und legen sie erneut auf die Augen.
- Schauen Sie nun mit geschlossenen Augen dreimal diagonal nach links oben und rechts unten.
- Reiben Sie die Hände nun ein letztes Mal und kreisen Sie dreimal mit den Augen, ebenfalls bei geschlossenen Lidern, und zwar dreimal langsam nach rechts und dreimal langsam nach links.
- Lassen Sie Ihre Hände nun in den Schoß sinken und spüren Sie der Übung nach. Öffnen Sie die Augen.

Hals, Nacken und Schultern

> Tue, …
> und d…
> die Kra…
>
> *Ralph W… …erson*

Unser Körper wird vor allem durch die Art und Weise geprägt, wie wir mit ihm umgehen. Wenn wir ihn also zum Beispiel jahrelang wenig bewegt haben, weil wir viel sitzen mussten, entstehen typische Schwächen, die früher oder später zu Problemen wie Verspannungen im Hals-, Nacken- und Schulterbereich sowie zu Rückenschmerzen oder Abnutzungserscheinungen und Verformungen der Wirbelsäule führen können. Die folgenden Übungen haben deshalb das Ziel, die Hals-, Nacken- und Schultermuskulatur zu entspannen, um die Wirbelsäule und somit den Rücken wieder aufzurichten. Im übertragenen Sinn bedeutet das, dass wir uns innerlich aufrichten und somit an Größe gewinnen.

Die hier aufgeführten Übungen für Hals, Nacken und Schultern können Sie im Lauf Ihres Arbeitsalltags immer wieder durchführen. Mit der Zeit werden Sie spüren, wie sich die Muskulatur entspannt, sich Ihre Atmung vertieft und Sie sich aufgerichtet und tragfähig fühlen.

◆ Dehnübung

- Sie stehen aufrecht, der Rücken ist gerade.
- Falten Sie die Hände, drehen Sie die Handflächen nach oben und heben Sie die Arme möglichst weit nach oben und hinten, ohne dabei die Schultern hochzuziehen.
- Strecken Sie sich genüsslich und ausgiebig einmal über den einen, einmal über den anderen Arm nach oben.[20]
- Wiederholen Sie diese Dehnungen so lange, bis Sie das Gefühl haben, sich wieder auf Ihre Arbeit konzentrieren zu können.

Dehnübung

♦ Öffnung des Brustraums

- Sie sitzen rücklings auf Ihrem Bürostuhl, der Rücken ist aufgerichtet, die Rückenlehne befindet sich vor Ihnen.
- Verschränken Sie nun die Hände hinter dem Rücken ineinander.
- Mit dem nächsten Einatmen heben Sie die Arme und bleiben mehrere Atemzüge in dieser Stellung.
- Mit dem Ausatmen lassen Sie die Arme wieder sinken.
- Spüren Sie der Übung mit geschlossenen Augen nach.

♦ Schultern entspannen

- Sie sitzen in aufrechter Haltung auf Ihrem Bürostuhl, die Beine stehen im rechten Winkel, die Füße sind aufgestellt, und der Rücken ist gerade.
- Richten Sie die Wirbelsäule noch einmal ganz bewusst auf und bringen Sie die Hals- und Rückenwirbel in eine Linie.
- Legen Sie Ihre Hände ganz entspannt auf den Oberschenkeln ab.
- Atmen Sie als Nächstes tief ein und ziehen Sie dabei die Schultern gerade nach oben.
- Atmen Sie nun aus und lassen Sie die Schultern nach unten fallen.
- Wiederholen Sie diese Übung mehrmals.
- Atmen Sie danach tief ein und ziehen Sie die Schultern nach oben. Halten Sie die Stellung einige Sekunden lang.
- Atmen Sie wieder aus und lassen Sie die Schultern nach unten sinken.
- Spüren Sie der Übung anschließend bewusst nach.

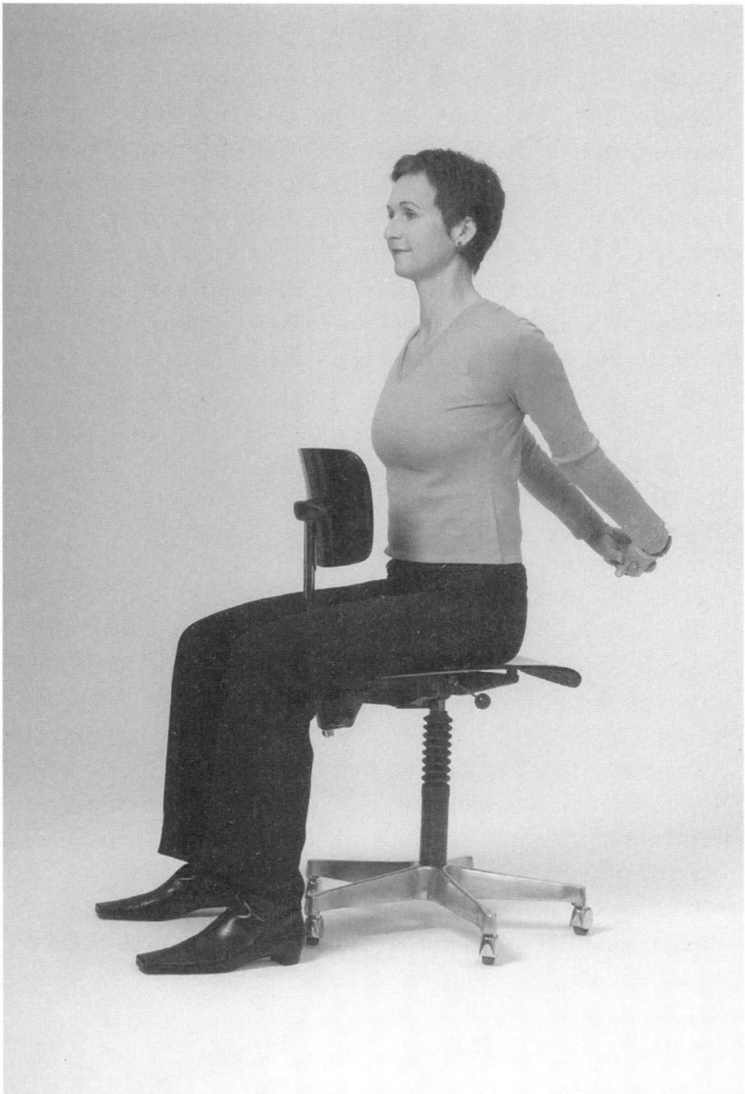

Öffnung des Brustraums

♦ Nacken und Schultern entspannen

- Sie sitzen aufrecht auf Ihrem Bürostuhl, die Wirbelsäule ist gerade.
- Drehen Sie den Kopf mit offenen Augen abwechselnd mit dem Ausatmen nach rechts und mit dem Einatmen wieder zur Mitte.
- Machen Sie dieselbe fließende Bewegung beim Ausatmen nach links und beim Einatmen zur Mitte zurück.
- Machen Sie die Bewegung abwechselnd nach rechts und nach links. Schauen Sie dabei so weit wie möglich über die Schulter nach hinten.
- Lassen Sie nun den Kopf in den Nacken fallen und heben Sie den Brustkorb etwas an. Achten Sie darauf, dass Sie keinen Rundrücken machen.
- Bewegen Sie den Kopf entspannt im Halbkreis von rechts nach links und von links nach rechts. Dabei führt der Hinterkopf die Bewegung. Der Mund ist leicht geöffnet.
- Lassen Sie nun den Kopf auf das Brustbein sinken und führen Sie die gleiche Bewegung durch: von rechts nach links und von links nach rechts.
- Heben Sie den Kopf wieder an, sodass er auf der Halswirbelsäule thront.

♦ Entspannung für den Nacken – Teil 1

- Sie sitzen aufrecht und mit geradem Rücken auf Ihrem Bürostuhl. Die Zunge liegt am Gaumen. Die Hände ruhen locker auf den Oberschenkeln.
- Werden Sie sich Ihrer senkrechten Körperachse bewusst und wachsen Sie nach oben aus ihr heraus.
- Lassen Sie dann den Kopf ganz behutsam mit dem Ausatmen nach vorne unten sinken. Werden Sie sich dabei der Dehnung bewusst und entspannen Sie in diese hinein.

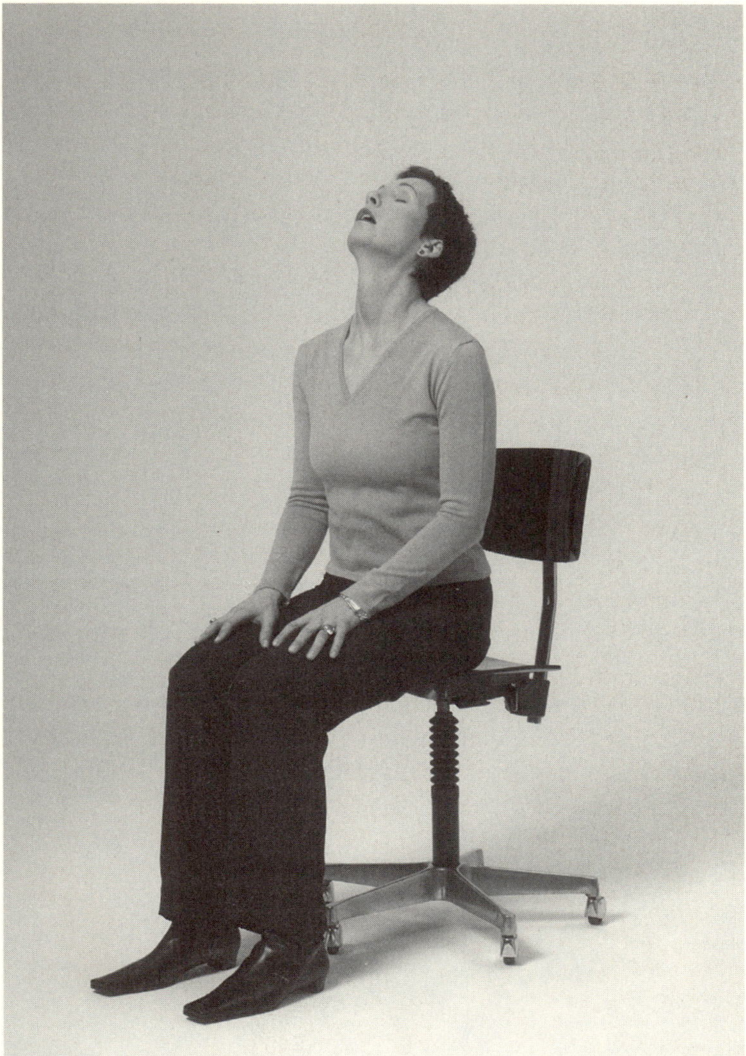

Nacken und Schultern entspannen

- Heben Sie nun beim Einatmen behutsam den Kopf und lassen Sie ihn ebenso behutsam nach hinten in den Nacken sinken. Öffnen Sie dabei etwas den Mund.
- Wiederholen Sie diesen Bewegungsablauf einige Male. Halten Sie dabei Brust und Rumpf ruhig, um wirklich den Nacken zu dehnen.
- Kommen Sie nun wieder in Ihre Ausgangsposition zurück und spüren Sie der Übung nach.

♦ Entspannung für den Nacken – Teil 2

- Sie sitzen in aufrechter Sitzhaltung auf Ihrem Bürostuhl.
- Dehnen Sie sich zuerst genüsslich aus der Wirbelsäule heraus.
- Führen Sie nun mit dem Ausatmen den Kopf weit nach links über die Schulter. Achten Sie darauf, dass Sie dabei die Schultern nicht mitdrehen.
- Mit dem Einatmen kommen Sie nun wieder zur Mitte zurück.
- Mit dem Ausatmen drehen Sie nun den Kopf zur anderen Seite über die Schulter hinaus und wieder zurück. Achten Sie darauf, dass der Oberkörper ruhig bleibt und die Atmung tief und fließend ist.
- Wiederholen Sie diese Übung einige Male und spüren Sie ihr dann mit geschlossenen Augen nach.

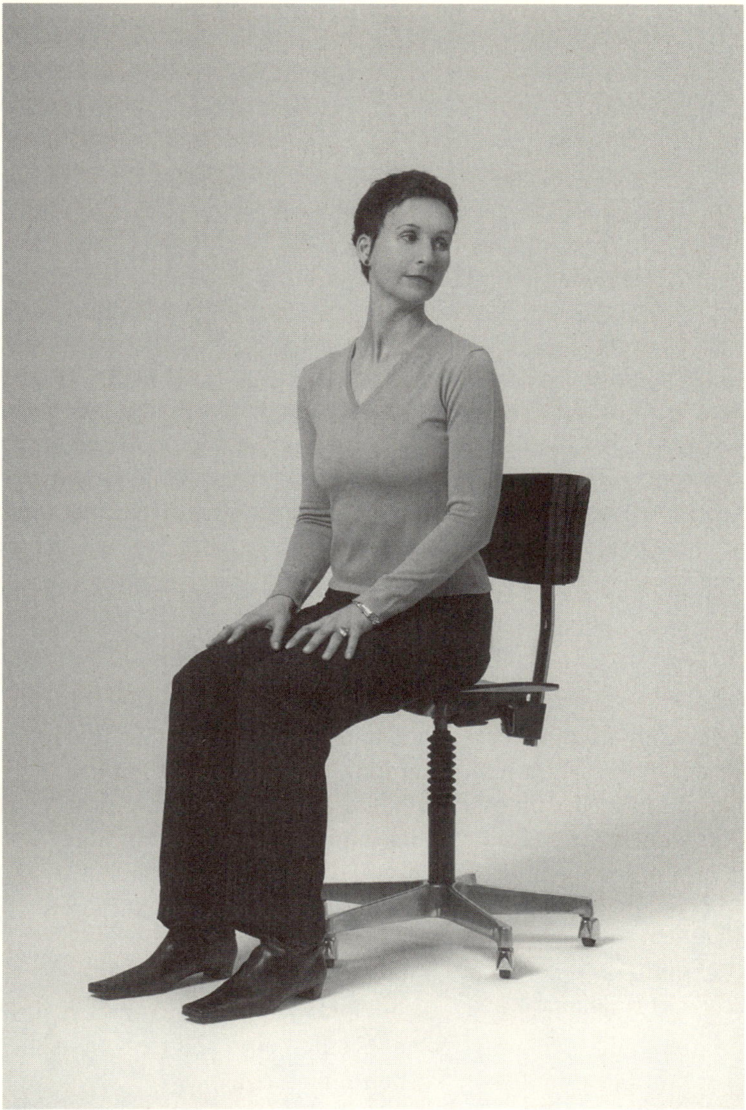

Entspannung für den Nacken – Teil 2

Bauch, Beine und Po gut in Form

Hör auf, dazusitzen
und mit gefalteten Händen
untätig zuzuschauen.

Tritt in Aktion
und lebe dieses reiche
und herrliche Leben.

Jetzt.

Du musst das tun.

Eileen Caddy

Gerade im Berufsleben neigt man gern zu der Annahme, dass sich nur Hals, Nacken und Schultern verspannen. Dabei wird allerdings außer Acht gelassen, dass man natürlich auch Bauch, Beine und Po bewegen muss, um die Muskulatur zu dehnen und zu entspannen.

♦ Katze im Sitzen

Müssen Sie viel sitzen und möchten zwischendurch Ihre Bauch-, Bein- und Gesäßmuskulatur entspannen, führen Sie folgende Übung durch. Es handelt sich dabei um eine so genannte Diagonalübung, die beide Gehirnhälften miteinander verbindet. Der so gewonnene Einklang von Ratio und Gefühl führt auf der psychischen Ebene zu mehr Ausgeglichenheit, sodass wir uns den beruflichen Anforderungen wieder besser gewachsen fühlen.

- Sie sitzen gerade auf der Vorderkante Ihres Stuhls.
- Mit dem Einatmen heben Sie den rechten Arm und das linke Bein. Spannen Sie dabei die Bein- und Gesäßmuskulatur an und ziehen Sie den Bauch ein.
- Halten Sie diese Stellung einige Momente.
- Mit dem Ausatmen lösen Sie die Stellung.
- Wechseln Sie nun die Seite.

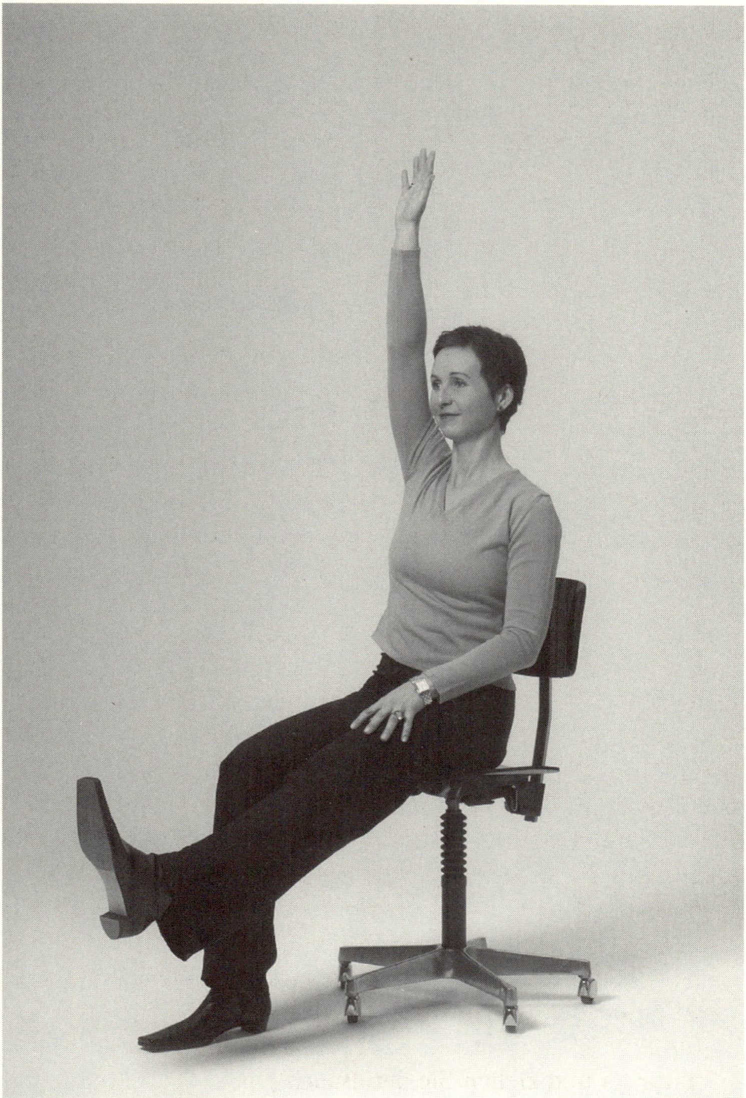

Katze im Sitzen

♦ Seitlicher Drehsitz

Die folgende Übung lockert nicht nur die Muskulatur, sondern massiert auch die inneren Organe und hilft somit bei Verdauungsstörungen.

- Sie sitzen auf Ihrem Bürostuhl quer zur Sitzfläche; die Sitzfläche befindet sich rechts von Ihnen.
- Drehen Sie sich nach links und umfassen Sie die Lehne seitlich mit beiden Händen.
- Ziehen Sie die Lehne mit dem linken Arm zu sich heran und schieben Sie sie mit dem rechten Arm von sich weg, sodass sich der Oberkörper noch weiter dreht.
- Bleiben Sie einige Atemzüge in dieser Drehung.
- Wiederholen Sie dann die Übung zur anderen Seite hin.[21]

Seitlicher Drehsitz

♦ Das Segelboot

Die folgende Übung kräftigt und entspannt die Muskulatur von Bauch, Beinen und Gesäß.

- Sie sitzen auf Ihrem Bürostuhl, wobei Sie die Rückenlehne vor sich haben.
- Strecken Sie nun mit dem Einatmen Beine und Arme möglichst gleichzeitig nach vorne aus.
- Atmen Sie mehrere Male tief und bewusst in diese Stellung hinein.
- Gehen Sie dabei mit Ihrer Aufmerksamkeit an den Punkt im Körper, an dem die Dehnung am stärksten spürbar ist. Atmen Sie dort hinein, weil sich dadurch die Spannung, die durch die Dehnung entsteht, lockern oder lösen kann.
- Versuchen Sie nun, die ganze Stellung von innen heraus wahrzunehmen.
- Halten Sie die Stellung, solange sie Ihnen leicht fällt und sie stabil ist. Dann lösen Sie sie wieder auf.

Das Segelboot

♦ Luft raus

Wer den ganzen Tag im Büro sitzt und sich womöglich noch ungesund ernährt, bekommt es immer wieder mit Blähungen und Verdauungsstörungen zu tun. Die folgende Übung eignet sich vortrefflich, um Spannungen zu lösen, den Verdauungstrakt zu massieren und Blähungen zu lindern.

- Sie sitzen vorn auf der Kante Ihres Bürostuhls. Das linke Bein ist leicht durchgestreckt, die linke Fußsohle berührt noch den Boden.
- Mit dem Einatmen winkeln Sie nun das rechte Bein an.
- Legen Sie Ihre Hände um das rechte Knie.
- Mit dem Ausatmen drücken Sie den rechten Oberschenkel sanft an den Bauch heran und lassen den Kopf sinken.
- Atmen Sie in dieser Stellung ganz tief und bewusst ein und aus. Konzentrieren Sie sich dabei auf den Punkt im Körper, an dem die Dehnung am intensivsten spürbar ist.
- Versuchen Sie nun, die Stellung von innen heraus als Ganzes wahrzunehmen.
- Lösen Sie die Stellung wieder auf und wechseln Sie die Seite.
- Halten Sie beide Seiten jeweils gleich lang.
- Lösen Sie die Stellung nun vollkommen auf, schließen Sie die Augen und spüren Sie der Übung nach.

Luft raus

4. Speiche: Durchatmen – aufatmen

... Atem fürwahr
ist noch wichtiger als Hoffnung;
denn wie die Speichen eines Rades
eingefügt sind in die Nabe,
so ist in den lebendigen Atem
alles eingefügt.
Das Leben geht vonstatten
durch den Atem;
der Atem gibt das Leben,
gibt es, um zu leben.

Upanishaden

Unsere Atmung ist für unser Überleben unabdingbar. Schließlich nehmen wir mit dem Einatmen frischen Sauerstoff auf, der bis in die entlegensten Stellen unseres Körpers transportiert wird und somit jede Zelle am Leben erhält. Zudem tanken wir durch die Atmung die notwendige Energie, die wir brauchen, um den Anforderungen des Lebens gewachsen zu sein. Mit anderen Worten: Unsere Atmung hilft uns, auch den Problemen des Arbeitsalltags mit dem sprichwörtlichen »langen Atem« zu begegnen. Atmen wir tief und bewusst ein und aus, sind wir in unserem Körper verwurzelt und spüren die Verbindung, die zwischen uns und allen anderen Menschen sowie dem gesamten Kosmos besteht. Fühlen wir uns mit anderen Menschen und Wesen verbunden, vermittelt uns das gleichzeitig das Gefühl, ein Stück vollkommener zu sein, denn wir stehen dann mehr im Einklang mit uns selbst. Wer diese Verbindung und Vollkommenheit spürt, dem gelingt es dann leichter, das Anderssein seines Gegenübers am Arbeitsplatz zu akzeptieren.
Der Atem ist jedoch auch ein Spiegel für unsere Stimmungen und Gefühle. Mit Redewendungen wie »Mir stockt der Atem« oder »Atemberaubend" bringen wir zum Ausdruck, welchen Einfluss der Atem auf unsere Emotionen ausübt. Die Wechselwirkungen

zwischen Atmung und Gefühlen lassen sich unschwer er Zorn und Wut zum Beispiel gehen mit flachem Einatn heftigem Ausatmen sowie daraus resultierenden Versp gen im gesamten Körper einher, die sich vor allem im Bereich von Brust, Händen, Nacken und Kiefer manifestieren. Wenn wir von Furcht und Angst gepackt sind, wird der Atem flach, rasch und unregelmäßig; viele spüren dann so eine Art Knoten im Unterbauch. Machen wir uns Sorgen, ist die Atmung oberflächlich, und im Bauch ist eine gewisse Leere zu verzeichnen. Ungeduld kann sich durch kurzes, stoßartiges und unkoordiniertes Atmen äußern, oftmals begleitet von einem Spannungsgefühl im Brustkorb. Wer von Schuld- und Schamgefühlen geplagt wird, hat womöglich mit schwerem Atmen zu kämpfen und mit dem Gefühl, dass es ihm die Kehle zuschnürt.[22]

Die Atmung sorgt also auf der körperlichen Ebene dafür, dass unser Organismus mit frischem Sauerstoff versorgt wird. Auf psychischer Ebene trägt er zu unserer Ausgeglichenheit bei. Somit kann er uns auch unterstützen, am Arbeitsplatz gelassener zu reagieren und konzentrierter zu arbeiten. Auf der anderen Seite lässt sich die Atmung jedoch auch in Situationen nutzen, in denen es uns normalerweise vor lauter Angst schier den Atem verschlägt. Wir müssen dann tief und bewusst ein- und ausatmen, um kritische Situationen – eine schwierige Besprechung etwa – mit Ruhe bewältigen zu können. Auf diese Weise kann jemand, der zum Beispiel Angst hat, bei einer Präsentation vor Publikum zu sprechen, mit Hilfe der Atmung ruhig und konzentriert bleiben und die Sache dann gut über die Bühne bringen.

Im Yoga, aber auch in allen anderen Bewusstseins- und Heilschulen alter Tradition, wird dem Atem besondere Aufmerksamkeit geschenkt. Selbst für den Buddha stellte die bewusste Atmung ein wesentliches Instrument auf dem Weg zur Erleuchtung dar. Und der Vietnamese Thich Nhat Hanh, einer der wichtigsten spirituellen Lehrer der Gegenwart, weist immer wieder darauf hin, dass man mit Atemübungen die eigene Achtsamkeit schulen und aufrechterhalten kann. Die einfache und doch so schwer zu befolgende Empfehlung von Thich Nhat Hanh lautet: »Sei immer achtsam, wenn du einatmest, und achtsam, wenn du ausatmest.«[23] Mehr als irgendein anderer spiritueller Lehrer betont Thich Nhat Hanh, wie wichtig es ist, das bewusste Atmen auch in den Alltag zu integrieren. Er sieht darin das beste Mittel, um inmitten unserer täglichen Aktivitäten wach zu bleiben.

Doch auch vom klassischen Yoga können wir sehr viel über die verschiedenen Aspekte der Heilkraft des Atems lernen. All den Schulen und Traditionen ist gemein, dass sie das Einatmen als Möglichkeit sehen, sich Neuem zu öffnen, sich auszuweiten und mit Mut das Leben zu wagen – frisches, reines, unverbrauchtes Leben, das Klarheit für den Geist und Reinheit für den Körper bedeutet. Beim Ausatmen hingegen findet ein Loslösungsprozess von Ängsten, alten Erfahrungen und den Schlacken physischer und psychischer Natur statt. Durch etwas so Einfaches wie bewusstes Ein- und Ausatmen kann es uns also gelingen, uns von der Vergangenheit zu lösen und uns Künftigem zu öffnen und somit natürlich unserem eigenen neuen Selbst.

Unter Atmung wird im Allgemeinen die Aufnahme von Sauerstoff und die Abgabe von Kohlendioxid verstanden. Der Vorgang ist lebenswichtig, denn alle Zellen des menschlichen Körpers sind auf eine permanente Sauerstoffzufuhr und einen konstanten Abtransport von verbrauchtem Sauerstoff, dem so genannten Kohlendioxid, angewiesen. Diese Aufgabe wird vom Atmungsapparat und dem Kreislaufsystem erfüllt. Die Atmung selbst unterteilt sich dabei in zwei Aspekte: die äußere Atmung und die innere Atmung. Unter äußerer Atmung versteht man den Gasaustausch, der in der Lunge zwischen den Lungenbläschen, den so genannten Alveolen, und dem Blut stattfindet. Von hier aus wandert der frische Sauerstoff im Blut zu allen Zellen des gesamten Organismus. Dort kommt es dann zur inneren Atmung. Dabei gelangt der frische Sauerstoff in die jeweiligen Zellen, und der verbrauchte Sauerstoff wird ins Blut abgegeben. Dieser Vorgang ist auch als Zellstoffwechsel bekannt.

Normalerweise atmen wir durch die Nase. Es dauert dann zwar etwas länger, bis der Sauerstoff die Lunge erreicht, aber dafür ist dieser Weg der gesündere, da die Luft beim Einatmen durch die Nasenschleimhäute gereinigt, erwärmt und befeuchtet wird. Grobe Schmutzpartikel werden durch die Flimmerhärchen auf der Nasenschleimhaut gefiltert und gelangen somit nicht in den Körper. Atmet ein Mensch durch die Nase, hat er über den Geruchsnerv direkten Zugang zum zentralen Nervensystem. Deshalb reagieren wir auch so unmittelbar auf Gerüche. Doch egal, ob wir nun durch den Mund oder durch die Nase einatmen, das Zwerchfell ist der wichtigste Muskel, den wir für die Atmung benötigen. Es handelt sich dabei um eine große kuppelförmige Muskelplatte, die an den untersten drei Rippen des Rippenbogens angewachsen ist. Ist das Zwerchfell nach dem Ausatmen entspannt, ist es nach oben gegen die Brusthöhle gerichtet. In der angespannten Haltung, nach dem Einatmen also, flacht es ab. Dabei drückt es gegen die Bauchorgane, genauer gesagt, es massiert sie mit jeder tiefen, bewussten Einatmung. Im Gegensatz zur Einatmung ist die Ausatmung – sie wird dem Parasympathikus des autonomen Nervensystems zugeordnet – ein passiver Vorgang. Atmen wir aus, senkt sich zuerst das Schlüsselbein, dann der Brustkorb, und zuletzt kehrt das Zwerchfell in seine entspannte Haltung zurück. Dabei wölbt es sich wieder nach oben; und während die verbrauchte Luft ausgeschieden wird, ziehen sich die Lungenflügel auf ihre ursprüngliche Größe zusammen. Beim Ausatmen können die inneren Zwischenrippenmuskeln und die Bauchmuskulatur unterstützend wirken.[24]

Die meisten Menschen atmen so, dass nur der obere Teil der Lungenflügel mit Luft gefüllt wird. Auf diese Weise wird jedoch nur etwa ein Drittel der möglichen Lungenkapazität genutzt. Dieses ungenutzte Potenzial wirkt sich dann oft sogar schädlich aus, weil es zu einer stärkeren Kreislaufbelastung kommen kann. Damit verweigern wir unserem Körper nämlich nicht nur

den lebenswichtigen Sauerstoff, sondern verhindern gleichzeitig, dass Schadstoffe ausgeschieden werden.
Durch eine bewusste Atmung am Arbeitsplatz im Sinn des Business-Yoga können wir unserem Organismus immer wieder frischen Sauerstoff zuführen und auch das Gehirn besser durchbluten. Dadurch bekommen wir im übertragenen Sinn dann den besagten »längeren Atem«, sind also konzentrierter, geduldiger und besser belastbar.
Die nachfolgenden Atemübungen lassen sich überall durchführen. Zum Beispiel können Sie die eine oder andere Übung während einer Geschäftsreise im Flugzeug machen, wenn Sie merken, dass Sie Angst bekommen. Oder Sie können sie auch vor einem wichtigen Gesprächstermin nutzen, um Spannungen abzubauen.

♦ Atem spüren

Die folgende Übung hilft Ihnen, den eigenen Atem bewusst wahrzunehmen, den Organismus mit frischem Sauerstoff zu versorgen und den Körper zu entspannen.

- Setzen Sie sich hin. Konzentrieren Sie sich auf einen Punkt in Ihrem Körper, wie zum Beispiel die Nase oder den Brust- oder Bauchraum, während Sie Ihren Atem wahrnehmen. Lenken Sie Ihre Aufmerksamkeit vom Kopf und den unzähligen Gedanken hinunter in den Körper.
- Schließen Sie ein paar Momente die Augen und versuchen Sie, Ihren Atem möglichst unmittelbar wahrzunehmen, ohne dabei den Atemrhythmus zu verändern.
- Beobachten Sie beim Einatmen, wie der Atem durch die Nasenlöcher in Ihre Nase einströmt und durch den Rachen und die Luftröhre hinunter in den Bauch fließt. Beim Ausatmen beobachten Sie, wie der Atem durch die Nase wieder aus dem Körper strömt und der Bauch abflacht.

- Sie können die Entspannung noch intensivieren, Sie sich innerlich sagen: »Ich atme Entspannung atme Anspannung aus.« Durch diesen Satz bleiben Sie mit Ihrer Aufmerksamkeit automatisch mehr bei Ihrer Atmung. Wenn Sie merken, dass Ihre Gedanken während dieser Übung abschweifen, kehren Sie mit Ihrer Aufmerksamkeit einfach wieder zum Atem zurück.
- Sobald Sie etwas geübter sind, können Sie diese Übung auch mit offenen Augen machen.

♦ Volle Yogi-Atmung

Die folgende Übung will Sie anregen, nicht nur den eigenen Atem, sondern auch die verschiedenen Atemräume in Ihrem Körper wahrzunehmen, wodurch der Atemraum vergrößert und der Körper gleichzeitig entspannt wird.

- Sie sitzen mit aufrechtem Rücken auf einem Stuhl. Schließen Sie die Augen und konzentrieren Sie sich nun ganz bewusst auf die verschiedenen Atemräume in Ihrem Körper.
- Legen Sie dazu die Hände zuerst in die Nähe des Bauchnabels. Richten Sie die Aufmerksamkeit auf den Bauch und lassen Sie den Atem durch die Nase ein- und ausfließen. Mit dem Einatmen wölbt sich der Bauch nach außen, mit dem Ausatmen ziehen Sie den Bauch sanft ein.
- Legen Sie nun Ihre Hände an die Rippenbögen. Die Daumen weisen nach hinten. Richten Sie Ihre Aufmerksamkeit auf die Rippen und lassen Sie den Atem durch die Nase ein- und ausfließen. Bei der Einatmung dehnt sich der Brustkorb, beim Ausatmen zieht er sich zusammen.
- Wandern Sie nun mit Ihren Händen nach oben, wobei Sie die Hände über Kreuz auf das jeweilige Schlüsselbein legen. Richten Sie Ihre Aufmerksamkeit auf Schlüsselbein,

Schultern und Brustbein und lassen Sie durch die Nase den Atem ein- und ausfließen. Beim Einatmen heben sich Schlüsselbein, Schultern und Brustbein, beim Ausatmen senken sie sich.

- Legen Sie die Hände nun auf die Oberschenkel und spüren Sie der Übung mit geschlossenen Augen nach.

♦ Wechselatmung

Diese Atemübung ist besonders empfehlenswert, wenn Sie einen langen, anstrengenden Tag hinter sich haben und sich erschöpft fühlen. Sie eignet sich aber auch, wenn Sie angespannt sind und sich konzentrieren müssen. Da die Übung die beiden Gehirnhälften verbindet, hat sie eine überaus ausgleichende, sammelnde und harmonisierende Wirkung.

- Sie sitzen aufrecht, mit geradem Rücken auf einem Stuhl. Die rechte Hand ruht auf dem rechten Knie.
- Atmen Sie nun über beide Nasengänge ganz normal ein.
- Schließen Sie dann das linke Nasenloch mit dem linken Daumen. Zeige- und Mittelfinger liegen an der Handfläche, Ringfinger und kleiner Finger liegen am rechten Nasenloch, über das Sie jetzt ausatmen und dann wieder einatmen.
- Schließen Sie das rechte Nasenloch mit dem Ringfinger und dem kleinen Finger; das linke Nasenloch schließen Sie mit dem Daumen. Halten Sie den Atem an und konzentrieren Sie sich dabei auf Ihr drittes Auge, den Punkt zwischen den Augenbrauen. Atmen Sie dann langsam und ruhig über das linke Nasenloch wieder aus und ein. Wiederholen Sie diesen Zyklus einige Atemzüge lang.
- Beenden Sie die Übung, indem Sie durch das linke Nasenloch einatmen.

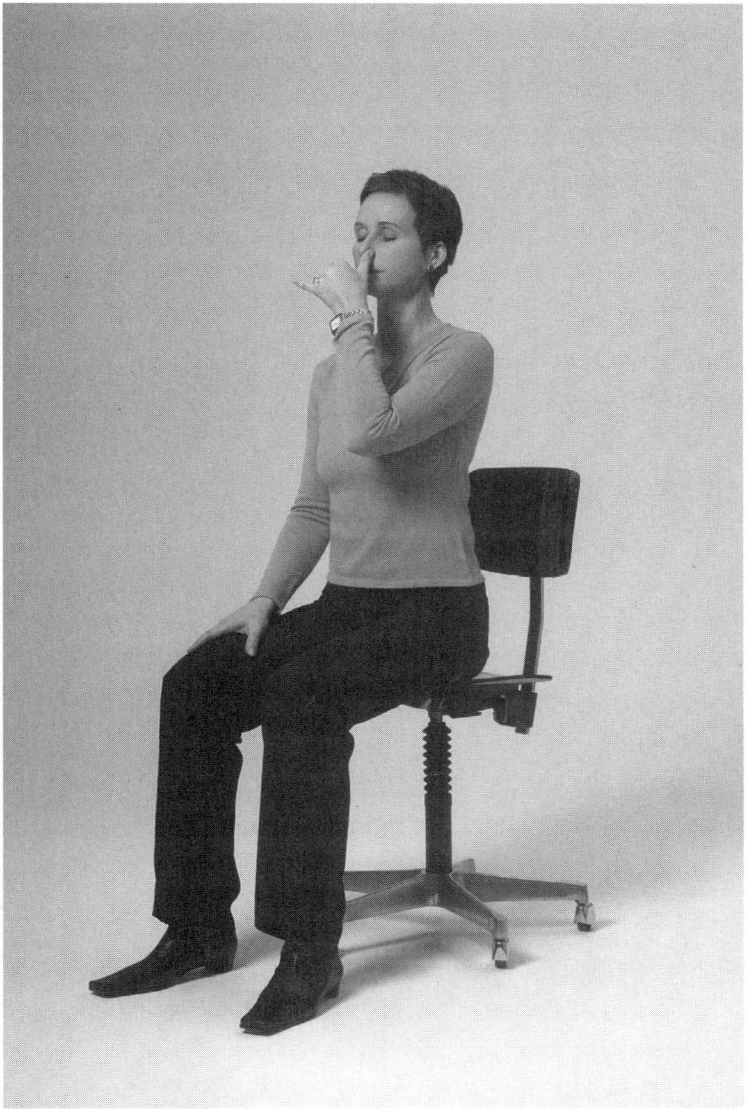

Wechselatmung

♦ Hot Water

Sollten Sie während der Arbeitszeit das Gefühl haben, dass Ihre Konzentration nachlässt, empfiehlt sich diese Übung. Wie bei allen Atemübungen ist es auch hier ratsam, das Fenster zu öffnen, damit Sie so viel frischen Sauerstoff wie möglich inhalieren.

- Sie sitzen mit aufrechtem Rücken auf Ihrem Bürostuhl. Die Beine stehen im rechten Winkel, die Füße sind aufgestellt.
- Stellen Sie sich nun vor, Sie würden eine Schale mit heißem Wasser in der Hand halten, das Wasser aber noch nicht trinken können, weil es zu heiß ist.
- Atmen Sie nun tief durch die Nase ein und formen Sie die Lippen, als wollten Sie pfeifen. Führen Sie Ihre rechte Hand, in der Sie die imaginäre Wasserschale halten, in die Nähe der Lippen. Atmen Sie durch Mund und Nase ein und durch die gespitzten Lippen aus.
- Atmen Sie so lange aus, bis sich der Impuls zum nächsten Einatmen automatisch einstellt. Wiederholen Sie diese Atmung mehrmals.

5. Speiche: In sich gehen – Balance finden

Nur wer innehält,
merkt, wann er ankommt.
Nur wer ankommt,
kann auch weitergehen.

Anna Trökes

Die fünfte Speiche beinhaltet den bewussten Rückzug der Sinne. Die Beherrschung der Sinne spielt im Yoga eine wichtige Rolle; sie hat das Ziel, den Übenden von den Reizen der Außenwelt unabhängig zu machen. Dieses Konzept lässt sich mit Hilfe eines Bildes aus dem Buddhismus gut verdeutlichen, das den Geist mit einem See nach einem Sturm vergleicht: Solange wir unsere Sinne nicht beherrschen und nicht mit ihnen umzugehen wissen, wirkt jeder äußere Reiz auf unseren Geist wie eine Böe auf die Oberfläche des Sees, dessen Grund dann nicht sichtbar ist. Umgekehrt erkennt der Yogi durch den Rückzug der Sinne allmählich den Grund des Sees. Mit anderen Worten: Er erfasst, dass das wahre Glück nicht in der Befriedigung von äußeren Sinneseindrücken liegt, sondern nur in ihm selbst zu finden ist. Mit zunehmender Übung realisiert er dann auch, dass wir zwar Sinne haben, nicht aber unsere Sinne sind.

Die meisten Menschen sind in ihrem Berufsleben einer Vielzahl von Sinneseindrücken ausgesetzt: dem Telefon, dem Handy, den Medien, den Meldungen, den Informationen, der Werbung etc. Darüber hinaus wirken viele andere Sinneseindrücke auf uns ein, wenn wir zum Beispiel in einem Großraumbüro arbeiten, in dem ein ständiges Kommen und Gehen herrscht. Doch auch Menschen, die in der Gastronomie arbeiten, im Supermarkt an der Kasse sitzen oder als Arzt im Dienst sind, unterliegen einem wahren Ansturm an unterschiedlichsten Sinneseindrücken. Die Anzahl der Berufe ließe sich natürlich noch beliebig fortsetzen.

Jedenfalls haben unsere Sinne viel auszuhalten, und somit muss unser gesamter Organismus auch viel verarbeiten, um der heutigen Reizüberflutung standzuhalten. Die Folge ist, dass unsere Sinne nicht mehr wirklich zur Ruhe kommen, denn selbst abends geht bei vielen Menschen die Reizaufnahme – oft nicht einmal bewusst – weiter, wenn wir nämlich zum Beispiel vor dem Fernseher sitzen und meinen, auf diese Weise eigentlich abzuschalten.
Da wir uns nicht immer zurückziehen können, wie es uns lieb ist, müssen wir lernen, in einer ausgewogenen Balance zwischen Rückzug der Sinne und Öffnung für die Welt zu leben. Denn schließlich ist das Leben selbst auch ein steter Wechsel zwischen zwei Polen: Tag und Nacht, Ruhe und Aktivität, Kontraktion und Extraktion sowie die Aufmerksamkeit, die einmal nach innen und einmal nach außen gerichtet ist. Da wir nun aber in einer stark reizüberfluteten Welt leben und wir unwillkürlich auch im Beruf über die Gesetzmäßigkeiten der Natur hinweggehen – man denke nur an Schichtarbeiter –, ist ein natürlicher Wechsel von Ruhe und Aktivität, Rückzug und Öffnung, wie er uns gut täte, oft nicht mehr gegeben.
Dass ein Leben wider die natürlichen Rhythmen und Zyklen sich irgendwann negativ bemerkbar macht, wird an vielen körperlichen und psychischen Zivilisationskrankheiten deutlich. Das Burnout-Syndrom gilt beispielsweise als Folge dieser Reizüberflutung. Denn wie die Natur, so braucht auch der menschliche Körper Zeiten, in denen er sich von äußeren Reizen erholen kann. Zudem benötigt er sich wiederholende Bewegungsabläufe, die ihre Entsprechung in den Zyklen der Natur haben. Deshalb also sind Übungen, bei denen die Sinne sich zurückziehen können, für die Regeneration so wichtig.

◆ Eingerolltes Blatt

Diese Übung bietet eine wunderbare erste Gelegenheit, die Reizüberflutung bewusst zu durchbrechen und sich zu entspannen. Sie lässt sich am besten nach einem anstrengenden Arbeitstag zu Hause machen, wenn Sie zur Ruhe kommen möchten.

- Sie befinden sich im Kniestand. Der Oberkörper ist gerade, der Kopf in der Verlängerung der Wirbelsäule.
- Lassen Sie Ihre Fersen auseinander kippen, sodass sich Ihre großen Zehen berühren. Setzen Sie sich nun auf Ihre Füße. Damit befinden Sie sich im so genannten Fersensitz.
- Führen Sie die Stirn zum Boden. Legen Sie die Arme neben den Körper.
- Lenken Sie den Atem in den Becken- und Bauchraum.
- Atmen Sie mehrmals in dieser Haltung. Lassen Sie sich dabei mit jedem Ausatmen tiefer auf die Unterlage sinken und nehmen Sie ganz bewusst wahr, wie Sie sich zurückziehen und dabei Ihre Sinne entspannen.

◆ Rückzug und Öffnung

Die folgende Übung stellt eine einfache, aber überaus wirkungsvolle Methode dar, zu erfahren, wie erholsam ein rhythmischer Wechsel von Rückzug und Öffnung sich auf einen auswirkt.

- Nehmen Sie den Fersensitz ein.
- Verschränken Sie die Arme und legen Sie die Hände vor die Brust.
- Lassen Sie nun ganz bewusst den Brustkorb sinken und runden Sie ebenso bewusst den Rücken etwas ab, um sich dann so weit wie möglich in sich zurückzuziehen.
- Atmen Sie aus.
- Führen Sie nun die Arme mit dem Einatmen ausgebreitet

über den Kopf nach oben. Heben Sie den Brustkorb und schauen Sie nach vorn, ohne den Nacken zu verkürzen. Kommen Sie dabei in den Kniestand und öffnen Sie sich nun ganz bewusst.

- Mit dem Ausatmen lassen Sie sich nun wieder auf Ihre Fersen zurücksinken und ziehen sich ganz bewusst nach innen zurück.
- Führen Sie diesen Bewegungsablauf im Wechsel von Öffnung und Rückzug mehrmals ganz bewusst durch.
- Beenden Sie diese Übung, indem Sie wieder in die Ausgangsstellung zurückkehren und noch ein paar Atemzüge ganz bewusst dem Rückzug Ihrer Sinne und der damit einhergehenden wohltuend entspannenden Wirkung auf Ihren Körper nachspüren.

6. Speiche: Konzentriert arbeiten

> Yoga ist die Fähigkeit,
> sich ausschließlich auf einen Gegenstand,
> eine Frage oder einen Inhalt auszurichten
> und in dieser Ausrichtung ohne Ablenkung zu verweilen.
> Dann scheint in uns die Fähigkeit auf,
> etwas vollständig und richtig zu erkennen.
>
> *Patanjali*

Die nächste Speiche des Rades stellt die Konzentration dar. Konzentration im Sinn des Yoga-Sutra des Patanjali bedeutet, dass ein Mensch seinen Geist ausschließlich auf ein Objekt ausrichtet. Dabei kann dieses Objekt einfach oder komplex, ein Gegenstand wie eine Kerze oder auch ein Wort sein. Im Business-Yoga ist damit die Fähigkeit gemeint, sich gut auf die momentane Tätigkeit konzentrieren zu können.

Um konzentriert arbeiten zu können, ist es wichtig, einen ruhigen Geist zu haben, der nicht ständig von seinen eigenen Gedanken bestimmt wird, die ihn dann von der Arbeit ablenken. Dazu gehört auch, sich nicht von eigenen Emotionen hin- und herreißen zu lassen. Wir können uns sonst nämlich nicht wirklich auf eine Tätigkeit oder ein Gespräch konzentrieren, sondern schweifen mit unseren Gedanken ab oder lassen uns von Gefühlen leiten.
Dazu ein Beispiel: Jemand arbeitet sehr hektisch, weil er Angst hat, ein Projekt nicht rechtzeitig abschließen zu können. Diese innere Unruhe nimmt ihm aber die Möglichkeit, sich ganz und gar auf seine Arbeit zu konzentrieren. Eine solche Unruhe überträgt sich oftmals auf die anderen Mitarbeiter, was weder der Arbeitsatmosphäre noch dem Abschluss des Projekts förderlich ist. Innere Unruhe führt zu unkonzentriertem Handeln, nicht aber zu positiven Ergebnissen. Nur mit innerer Ruhe und Konzentration sind wir in der Lage, unsere Arbeit so auszuführen, dass sie zu unserer eigenen Zufriedenheit wie auch der des Unternehmens ausfällt sowie dem Wohl aller Wesen dient.

♦ Zur eigenen Mitte finden

Die folgende Übung hilft Ihnen, durch die Konzentration auf den Atem besonders in Stresssituationen wieder zur inneren Ruhe und zur eigenen Mitte zu finden.

- Setzen Sie sich aufrecht und mit geradem Rücken auf Ihren Bürostuhl. Die Zunge liegt am Gaumen, die Hände ruhen locker auf den Oberschenkeln.
- Mit geschlossenen Augen oder den Blick in die Leere gerichtet beobachten Sie Ihren Atem, wie er ganz von selbst kommt und geht.
- Begleiten Sie den Atem mit einer sanften Bewegung Ihrer Hände.

- Beim Einatmen zeigen die Handflächen nach oben; sie sind bereit, heilvolle Energie und Ruhe aufzunehmen, die Ihnen hilft, zu Ihrer Mitte zu finden.
- Beim Ausatmen zeigen die Handflächen nach unten, um Stress und Nervosität an den Boden abzugeben.
- Wiederholen Sie die Übung einige Minuten lang.

♦ Energy-Balance

Sollten Sie während der Arbeit das Gefühl haben, unaufmerksam und müde zu sein, hilft Ihnen die folgende Übung, konzentriert weiterarbeiten zu können, indem Sie sich auf Ihre Atmung und Ihren Körper einlassen.

- Öffnen Sie zuerst das Fenster, um die verbrauchte Luft abziehen zu lassen und die Zufuhr von frischem Sauerstoff zu gewährleisten.
- Setzen Sie sich auf Ihrem Bürostuhl so weit nach vorne, dass Ihre Füße mit der ganzen Sohle auf dem Boden stehen und die Knie einen rechten Winkel bilden.
- Achten Sie darauf, Ihren Kiefer zu lockern und die Zähne nicht zusammenzubeißen.
- Verschränken Sie nun die Hände im Nacken und richten Sie den Rücken auf. Atmen Sie jetzt tief durch die Nase ein.
- Beim Ausatmen rundet sich der Rücken, während die Ellbogen und der Kopf langsam nach vorne sinken.
- Beim Einatmen richten Sie sich langsam Wirbel für Wirbel wieder auf.

7. Speiche: Arbeit und Meditation

> Je tiefer du schaust,
> desto mehr wirst du entdecken,
> denn in dir befindet sich die Quelle der Weisheit,
> des Verstehens und des Erwachens –
> du brauchst sie nur zu berühren.
>
> *Thich Nhat Hanh*

Die Konzentration bildet im Sutra des Patanjali die Basis für die siebte Speiche: die Meditation. Durch die Yoga-Praxis und vor allem durch die Konzentration auf die Atmung lernt der Übende, sich auf die Meditation einzulassen und sich ihr hinzugeben. Anfangs wird dabei vielen bewusst, wie viel sie eigentlich denken und wie schnell sie sich ablenken lassen. Sie hoffen natürlich, dass die sich ihnen aufdrängenden Gedanken im Lauf der Meditationspraxis ausbleiben, was jedoch nicht möglich ist, da immer Gedanken in unserem Bewusstsein entstehen; es liegt schlichtweg in der Natur des Bewusstseins. Worauf wir aber sehr wohl Einfluss nehmen können, ist das Ausmaß, in dem wir uns von diesen Gedanken einnehmen lassen. Die folgende Geschichte gibt ein Beispiel dazu:

♥ Die Gedanken und der Wind

Ein Schüler kam zu seinem Meister und sagte: »Meister, den ganzen Tag kommen mir eine Vielzahl von Gedanken in den Sinn, egal ob ich meditiere, Arbeit verrichte oder esse. Sie stören mich dabei, mich ganz und gar auf das zu konzentrieren, was ich gerade tue.« Der Meister nahm seinen Schüler mit ins Freie und sagte: »Öffne dein Gewand und fange den Wind ein.« Sein Schüler antwortete: »Das kann ich nicht!« Daraufhin antwortete der Meister: »Wenn du das nicht kannst, dann ver-

magst du auch die Gedanken nicht daran zu hindern, in dich einzudringen. Aber eines kannst du sehr wohl tun: Achte darauf, dich nicht von ihnen forttragen zu lassen wie ein Blatt im Wind, wenn sie kommen, sondern bleibe fest stehen.«

Die Meditation kann uns besonders auch im Geschäftsleben hilfreich sein, zur Ruhe zu kommen und die Dinge und das Leben mit etwas mehr Abstand zu betrachten. So hat sich zum Beispiel herausgestellt, dass Menschen, die während eines langen Fluges meditieren, nur schwach, wenn überhaupt an einem Jetlag leiden. Es kann uns aber auch eine kleine Meditation in der Mittagspause wieder vitalisieren und mit frischer Energie versorgen.

♦ Diamantsitz

Mit der folgenden Sitzhaltung und Atemmeditation können Sie wieder zu sich kommen und sich in den gegenwärtigen Moment hineinentspannen. Die Übung empfiehlt sich auch vor wichtigen Gesprächen, kann aber ebenfalls gut auf Geschäftsreisen im Zug oder auf einem langen Flug durchgeführt werden.

- Sie sitzen in aufrechter Haltung auf einem Stuhl. Die Hände ruhen auf den Oberschenkeln. Die Schultern sind ein wenig nach hinten gezogen, sodass der Brustkorb geöffnet wird.
- Schließen Sie nun die Augen und atmen Sie tief und bewusst in diese Stellung hinein.
- Bleiben Sie mit der Aufmerksamkeit ganz bei sich. Versuchen Sie dabei, Ihren Körper von innen heraus wahrzunehmen.
- Atmen Sie nun tief und regelmäßig in dieser Stellung ein und aus.

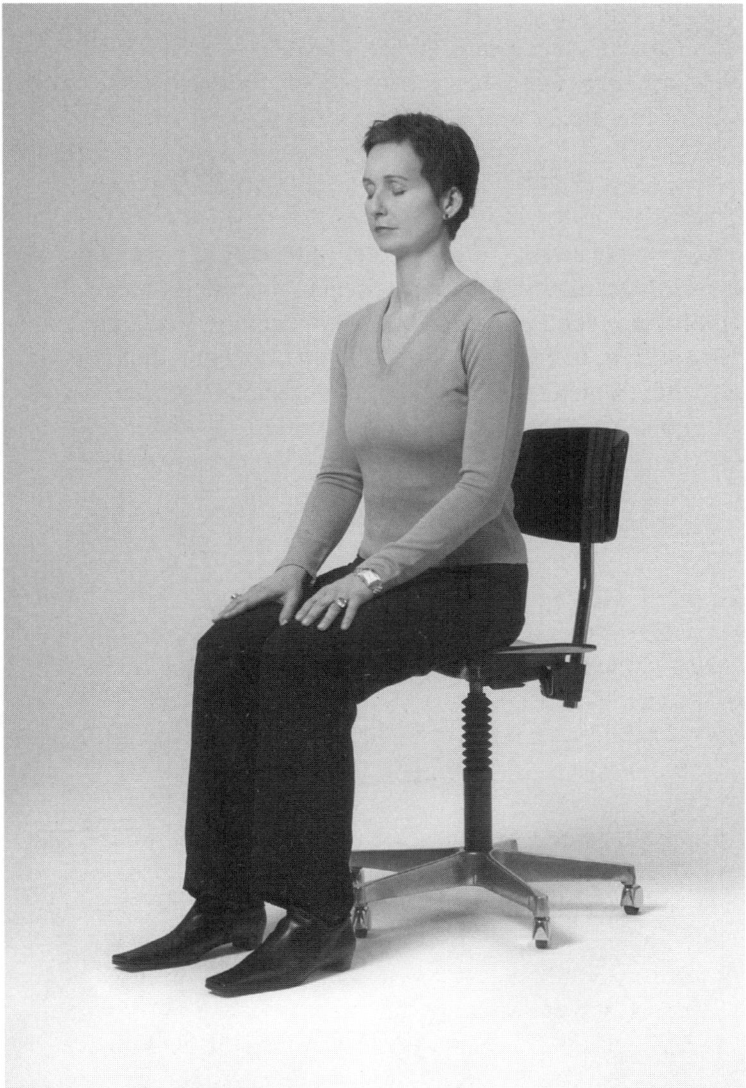

Diamantsitz

♦ Atemmeditation

Diese Atemmeditation hilft Ihnen, wieder zu sich zu kommen, sich von Gefühlen und Gedanken frei zu machen und im Hier und Jetzt Entspannung zu finden. Diese Übung lässt sich gut vor wichtigen Gesprächen oder auf Reisen durchführen.

- Sie sitzen aufrecht auf einem Stuhl. Die Hände ruhen auf den Oberschenkeln. Die Augen sind geschlossen.
- Richten Sie Ihre Aufmerksamkeit nun auf den Atem.
- Lassen Sie die Einatmung kommen und zählen Sie »eins«. Lassen Sie die Ausatmung kommen und zählen Sie »eins«. Lassen Sie die Einatmung kommen und zählen Sie »zwei«. Lassen Sie die Ausatmung kommen und zählen Sie »zwei«. Fahren Sie mit dem Ein- und Ausatmen bis zehn fort.
- Lassen Sie die Augen weiter geschlossen. Spüren Sie mehrere Atemzüge lang nach, wie der Atem kommt und geht.
- Öffnen Sie die Augen.

8. Speiche: Erfüllende Arbeit

Wenn du eins bist mit Gott,
mit deinem wahren Selbst,
der Quelle aller Kraft,
hört deine Energie nie auf.
Dann hast du Zugang zu deinem unendlichen Potenzial.
Sei dir deiner immensen Macht und Stärke bewusst.
Du bist kein kleines schwaches Lamm,
sondern ein majestätischer,
mächtiger Löwe.
Du bist die kosmische Energie,
der allmächtige Gott.

Mata Amritanandamayi Devi

Das Erleben der Einheit, das Ziel des achtstufigen Pfades, befindet sich jenseits der Begrifflichkeit und kann somit eigentlich nicht in Worte gefasst werden. Manche Menschen haben diese Erfahrung irgendwann in ihrem Leben vielleicht schon einmal spontan gemacht – bei einem Spaziergang in der Natur, beim Sport oder beim Liebesakt. Es ist der Moment, in dem sich die Grenzen zwischen uns und der Welt aufheben und wir uns als nicht mehr getrennt erleben. In dem Augenblick findet eine Verschmelzung zwischen Subjekt und Objekt statt – im Yoga zwischen dem Praktizierenden und dem Göttlichen.
Eine solche Erfahrung lässt sich nicht mit dem Verstand herbeiführen oder erzwingen. Sie ist jenseits der Ratio angesiedelt und stellt das Ziel aller spirituellen Praktiken dar. Da diese Erfahrung nicht rational vermittelbar ist, lässt sich das Erleben dieser Einheit am besten durch Bilder oder durch Gleichnisse beschreiben. Ein Mensch, der eine solche Erfahrung macht, erkennt sein wahres Selbst. Er kommt in einem solchen Moment völlig zur Ruhe.
Auf das Berufsleben übertragen bedeutet dies, dass wir vollkommen erfüllt sind von unserer Arbeit. Dann müssen wir an-

deren Menschen nicht mehr beweisen, wie gut wir sind, und wir brauchen umgekehrt auch keine Angst zu haben, dass ein anderer womöglich besser sein könnte. So jemand benötigt auch keine Bestätigung mehr von außen, sondern tut einfach die Arbeit, die es zu tun gilt. Wie so etwas auch aussehen kann, zeigt die folgende Geschichte:

♥ Der große Tag meiner Ankunft

Es war einmal ein ganz besonderer Geschäftsmann. Er hatte es geschafft, aus einem kleinen Geschäft ein wirtschaftlich erfolgreiches Unternehmen zu machen. Zu den Kunden des Geschäftsmannes zählten Persönlichkeiten aus Wirtschaft, Politik und Show-Business. Trotzdem war Henry B. sehr bescheiden geblieben. Er hatte immer ein offenes Ohr für alle seine Mitarbeiter und war stets bemüht, zum Wohl aller zu arbeiten. Einmal besuchte er eine Tochtergesellschaft an der Ostküste der Vereinigten Staaten, um dort eine Tagung zu leiten, zu der viele wichtige Persönlichkeiten kommen sollten. Als er einen Tag eher als erwartet dort ankam, fand er die Mitarbeiter der Firma damit beschäftigt, zur Vorbereitung seines Besuches eifrig das ganze Haus herzurichten. Alle waren überrascht, ihn zu sehen, denn er hatte sich erst für den folgenden Tag angekündigt. Doch der Geschäftsmann krempelte einfach die Ärmel seines Pullovers hoch und begann, bei den Vorbereitungen für seine Ankunft mitzuhelfen.

In diesem Sinn wünschen auch wir Ihnen, dass Sie Erfüllung in Ihrer Arbeit finden und ganz und gar in ihr aufgehen können.

TEIL 3

Übungen im Überblick

Übung	Anwendung	Wirkung	Seite
Anrufung der Energie	Mangelnde Energie, Müdigkeit, Gefühl der Kraftlosigkeit	Steigerung der Energie	98
Atem-meditation	Unachtsamkeit, Identifikation mit Gedanken und Gefühlen, Ruhe-losigkeit, Jetlag, Müdigkeit; Gefühl, neben sich zu stehen	Abstand von Gefühlen und Gedanken, Ruhe, Entspannung, Vitalität, Energiezufuhr	142
Atem spüren	Mangelnde Wahrnehmung des eigenen Atems	Wahrnehmung des eigenen Atems, Entspannung des Körpers	128
Aushängen	Verspannung des Rückens, Müdigkeit	Entspannung der Wirbel-säule und der umgebenden Muskulatur, Stärkung der Rü-ckenmuskulatur, Durchblutung des Gehirns	94
Die eigene Basis spüren	Zerstreutheit, Konzentrations-schwierigkeiten; Gefühl, neben sich zu stehen	Aufrichtung der Wirbelsäule, Entspannung der Schultern, Energiezufuhr, Vitalität	83

Übung	Anwendung	Wirkung	Seite
Der Berg	Unsicherheit, Unruhe, Stress	Erdung, Standfestigkeit, Entspannung	86
Daumen rauf	Sehschwäche, schwache Augenmuskulatur, Konzentrationsschwierigkeiten	Stärkung der Sehmuskeln, Entspannung für die Augen, Erhöhung der Konzentrationsfähigkeit	103
Daumen runter	Sehschwäche, schwache Augenmuskulatur, Konzentrationsschwierigkeiten	Stärkung der Sehmuskeln, Entspannung für die Augen, Erhöhung der Konzentrationsfähigkeit	104
Dehnübung	Verspannungen im Hals-, Nacken- und Schulterbereich sowie im Rücken	Entspannung von Hals, Nacken, Schultern und Rücken	108
Diamantsitz	Unachtsamkeit, Stress, innere Unruhe	Entspannung im Hier und Jetzt	140
Eingerolltes Blatt	Anspannung, Reizüberflutung	Stille, Entspannung, Ruhe	135
Energie für die Augen	Sehschwäche, schwache Augenmuskulatur	Stärkung der Sehmuskeln, Entspannung der Augen, Erhöhung der Sehkraft	101

Übung	Anwendung	Wirkung	Seite
Energie für den Beckenboden	Zerstreutheit, Kraftlosigkeit, Gefühl von Energiemangel	Stärkung der Beckenbodenmuskulatur, Verbesserung der Haltung, Stärkung der Zentriertheit	83
Energy-Balance	Müdigkeit, Konzentrationsschwierigkeiten	Vitalität, Energie, Konzentrationsfähigkeit	138
Entspannung für den Nacken, Teil 1 & Teil 2	Verspannungen im Hals-, Nacken- und Schulterbereich sowie im Rücken	Entspannung von Hals, Nacken, Schultern und Rücken	112/ 114
Halber Bogen	Verspannung der seitlichen Rumpfmuskulatur	Dehnung der seitlichen Muskulatur	88
Hot Water	Innere Unruhe, Konzentrationsschwierigkeiten	Steigerung der Konzentration	132
Das innere Lächeln	Anspannung, Ablehnung der eigenen Person	Entspannung, Selbstliebe, innere Zufriedenheit	73
Katze im Sitzen	Verspannung von Bauch-, Bein- und Gesäßmuskulatur	Entspannung von Bauch-, Bein- und Gesäßmuskulatur	116
Der Kniekuss	Verspannung des Rückens, Müdigkeit	Entspannung der Wirbelsäule mit Stärkung der umgebenden Muskulatur, Stärkung der Rückenmuskulatur, Durchblutung des Gehirns	92

Übung	Anwendung	Wirkung	Seite
Luft raus	Verdauungsstörungen, Blähungen	Förderung der Verdauung, Massage des Darms	122
Zur eigenen Mitte finden	Stress, Gefühl des inneren Ungleichgewichts, überempfindliche Reaktionen, Ruhelosigkeit; das Gefühl, keine Zeit mehr zu haben	Vermittlung von Ruhe und Zentriertheit, emotionale Stabilisierung	137
Mobilisierung des Beckenbodens, Teil 1 & Teil 2	Verspannungen in den Schultern und im Rücken, Gefühl der Energielosigkeit	Aufrichtung der Wirbelsäule, Entspannung der Schultern	84
Nacken und Schultern entspannen	Verspannungen im Hals-, Nacken- und Schulterbereich sowie im Rücken	Entspannung von Hals, Nacken, Schultern und Rücken	112
Öffnung des Brustraums	Verspannungen im Hals-, Nacken- und Schulterbereich sowie im Rücken	Entspannung von Hals, Nacken, Schultern und Rücken	110
Öffnung des Herzens	Intoleranz, Gefühl der Enge	Mitgefühl, Verständnis für den anderen	56
Das Pendel	Sehschwäche, schwache Augenmuskulatur, Konzentrationsschwierigkeiten	Stärkung der Sehmuskeln, Entspannung der Augen, Erhöhung der Konzentrationsfähigkeit	104

Übung	Anwendung	Wirkung	Seite
Power-Mudra	Konzentrationsstörungen, Atembeschwerden, Müdigkeit	Förderung der Konzentration, Synchronisierung der beiden Gehirnhälften, Verbesserung der Stimmung	96
Rauf und runter	Sehschwäche, schwache Augenmuskulatur, Konzentrationsschwierigkeiten	Stärkung der Sehmuskeln, Entspannung der Augen, Erhöhung der Konzentrationsfähigkeit	106
Reinigung des Herzens	Unheilvolle Gedanken, Gram, Wut	Reinheit, Klarheit, Mitgefühl	55
Der rote Punkt	Sehschwäche, schwache Augenmuskulatur, Konzentrationsschwierigkeiten	Stärkung der Sehmuskeln, Entspannung der Augen, Erhöhung der Konzentrationsfähigkeit	101
Rückzug und Öffnung	Reizüberflutung	Entspannung der Sinne	135
Schultern entspannen	Verspannungen im Schulterbereich	Entspannung der Schultermuskulatur	110
Das Segelboot	Bewegungsmangel	Stärkung und Entspannung der Muskulatur von Bauch, Beinen und Po	120

Übung	Anwendung	Wirkung	Seite
Seitlicher Drehsitz	Verdauungsbeschwerden	Entspannung des unteren Rückens, Förderung der Verdauung	118
Sitz der Lotosblüte	Konzentrationsschwierigkeiten, ungezügelte sexuelle Lust	Stärkung der Konzentration, Transformation der sexuellen Energie	64
Verbindung mit der Herzenskraft	Anstrengende Begegnungen mit Mitmenschen	Eigenliebe, Toleranz, Mitgefühl, Einfühlungsvermögen	58
Volle Yogi-Atmung	Gefühl der Atemnot, Gefühl der Enge, Anspannung	Verbesserte Wahrnehmung des Atemraums, Vergrößerung der Lungenkapazität, Entspannung des Körpers	129
Die Vorbeuge	Verspannung des Rückens, Müdigkeit	Entspannung der Wirbelsäule und der umgebenden Muskulatur, Stärkung der Rückenmuskulatur	90
Wechselatmung	Anspannung, Konzentrationsschwäche	Entspannung, Förderung der Konzentration	130

♦ Business-Yoga: Notfallübungen von A bis Z

Symptom	Übung	Seite
Anspannung	Eingerolltes Blatt Volle Yogi-Atmung Wechselatmung	135 129 130
Anstrengender Tag, Kommunikationsschwierigkeiten und unerfreuliche Begegnungen am Arbeitsplatz	Verbindung mit der Herzenskraft	58
Atembeschwerden	Power-Mudra	96
Bewegungsmangel	Das Segelboot	120
Blähungen	Luft raus	122
Gefühl der Atemnot	Volle Yogi-Atmung	129
Gefühl der Energielosigkeit	Mobilisierung des Beckenbodens, Teil 1 & Teil 2	84
Gefühl der Enge	Volle Yogi-Atmung	129
Gefühl, neben sich zu stehen	Die eigene Basis spüren Atemmeditation	83 142
Gefühl von innerem Ungleichgewicht	Zur eigenen Mitte finden	137
Gefühl, keine Zeit mehr zu haben	Zur eigenen Mitte finden	137
Identifikation mit Gedanken und Gefühlen	Atemmeditation	142
Innere Unruhe	Diamantsitz Hot Water	140 132

Symptom	Übung	Seite
Konzentrationsschwierigkeiten	Die eigene Basis spüren	83
	Daumen rauf	103
	Daumen runter	104
	Energy-Balance	138
	Energie für die Augen	101
	Hot Water	132
	Das Pendel	104
	Power-Mudra	96
	Der rote Punkt	101
	Rauf und runter	106
	Sitz der Lotosblüte	64
	Wechselatmung	130
Kraftlosigkeit	Anrufung der Energie	98
Mangelnde Wahrnehmung des eigenen Atems	Atem spüren	128
Müdigkeit	Aushängen	94
	Anrufung der Energie	98
	Halber Bogen	88
	Atemmeditation	142
	Energy-Balance	138
	Der Kniekuss	92
	Power-Mudra	96
	Die Vorbeuge	90
Reizüberflutung	Eingerolltes Blatt	135
	Rückzug und Öffnung	135
Ruhelosigkeit	Zur eigenen Mitte finden	137
	Der Berg	86
	Atemmeditation	142
Schwache Augenmuskulatur	Daumen rauf	103
	Daumen runter	104
	Der rote Punkt	101

Symptom	Übung	Seite
	Energie für die Augen	101
	Das Pendel	104
	Rauf und runter	106
Streitigkeiten am Arbeitsplatz	Reinigung des Herzens	55
Stress	Zur eigenen Mitte finden	137
	Der Berg	86
	Diamantsitz	140
Sehschwäche	Daumen rauf	103
	Daumen runter	104
	Energie für die Augen	101
	Das Pendel	104
	Der rote Punkt	101
	Rauf und runter	106
Überempfindliche Reaktionen	Zur eigenen Mitte finden	137
Unachtsamkeit	Atemmeditation	142
	Diamantsitz	140
Ungezügelte sexuelle Lust	Sitz der Lotosblüte	64
Unsicherheit	Der Berg	86
Verdauungsstörungen	Luft raus	122
	Seitlicher Drehsitz	118
Verspannungen im Hals-, Nacken- und Schulterbereich sowie im Rücken	Aushängen	94
	Dehnübung	108
	Entspannung für den Nacken, Teil 1 & Teil 2	112/114
	Der Kniekuss	92
	Katze im Sitzen	116

Symptom	Übung	Seite
Verspannungen im Hals-, Nacken- und Schulterbereich sowie im Rücken	Mobilisierung des Beckenbodens, Teil 1 & Teil 2	84
	Nacken und Schultern entspannen	112
	Öffnung des Brustraums	110
	Seitlicher Drehsitz	118
	Schultern entspannen	110
	Die Vorbeuge	90
Zerstreutheit	Die eigene Basis spüren	83

◆ Die kleine Business-Yoga-Übungsreihe (15 Minuten)

Schenken Sie sich, Ihrem Körper und Ihrem Geist jeden Morgen, bevor Sie sich an den Schreibtisch setzen, fünfzehn Minuten, um den Körper zu dehnen und den Geist ganz bewusst zu sammeln. Machen Sie die Übungen möglichst jeden Tag zur gleichen Zeit bei offenem Fenster. Das Frühstück sollte mehr als eine Stunde zurückliegen. Bleiben Sie ein bis drei Minuten in jeder Stellung und spüren Sie entsprechend lange nach. Sie können die Übungsreihe aber auch gut morgens und nach der Arbeit durchführen, das heißt, Sie beginnen den Arbeitstag dann ganz bewusst mit dieser Übungsreihe und beenden ihn auch damit. Das kann Ihnen helfen, bewusster in den Feierabend zu gehen und ihn zu nutzen, um sich tief zu entspannen.

1. Diamantsitz
2. Luft raus
3. Dehnübung
4. Entspannung für den Nacken, Teil 1
5. Daumen hoch
6. Die Vorbeuge
7. Halber Bogen
8. Der Kniekuss
9. Wechselatmung
10. Diamantsitz

♦ Die große Business-Yoga-Übungsreihe (45 Minuten)

Diese Übungsreihe empfiehlt sich besonders, wenn Sie bereits etwas fortgeschrittener sind. Auch hier ist es ratsam, die einzelnen Komponenten möglichst jeden Tag zur gleichen Zeit bei offenem Fenster zu praktizieren. Das Frühstück sollte mehr als eine Stunde zurückliegen. Bleiben Sie ein bis drei Minuten in jeder Stellung und spüren Sie entsprechend lange nach. Die Übungsreihe lässt sich auch gut morgens und abends durchführen, wodurch Sie den Arbeitstag ganz bewusst mit dieser Übungsreihe beginnen und auch wieder ganz bewusst damit beenden. Auch mit dieser Übungsreihe erleben Sie Ihren Feierabend dann bewusster und können ihn nutzen, um sich tief zu entspannen.

1. Diamantsitz
2. Luft raus
3. Dehnübung
4. Entspannung für den Nacken, Teil 1 & Teil 2
5. Daumen hoch
6. Die Vorbeuge
7. Halber Bogen
8. Der Kniekuss
9. Aushängen
10. Das Segelboot
11. Katze im Sitzen
12. Atem spüren
13. Volle Yogi-Atmung
14. Wechselatmung
15. Diamantsitz

♦ Das große Rad
(1 Stunde)

Die folgende Übungsreihe stellt eine Übungssequenz aus dem Hauptteil des Buches dar, in dem das Yoga-Sutra des Patanjali mit seinen acht Stufen beziehungsweise acht Speichen beschrieben wird.
Auch diese Übungsreihe sollten Sie nach Möglichkeit immer zur gleichen Zeit durchführen. Es empfiehlt sich allerdings, die Übungen zu Hause zu machen, weil Sie dann ungestörter sind.

1. Diamantsitz
2. Reinigung des Herzens
3. Verbindung mit der Herzenskraft
4. Die eigene Basis spüren
5. Mobilisierung des Beckenbodens, Teil 1 & Teil 2
6. Der Berg
7. Halber Bogen
8. Der Kniekuss
9. Luft raus
10. Dehnübung
11. Katze im Sitzen
12. Das Segelboot
13. Eingerolltes Blatt
14. Rückzug und Öffnung
15. Atem spüren
16. Hot Water
17. Wechselatmung
18. Diamantsitz

ANHANG

Fußnoten

1 Vgl.: Anselm Grün: Menschen führen. Leben wecken (S. 93)
2 Sriram: Sutra (S. 10)
3 Siehe dazu: Über Freiheit und Meditation. Das Yoga-Sutra des Patanjali. T.K.V. Desikachar, Verlag Via Nova
4 Siehe dazu: Sutra. Patanjali. Zu bestellen unter: www.sriram.de
5 Vgl.: Pyar Troll: Poesie der Stille. Tanz des Lebens (S. 50)
6 Vgl.: Reuter: Schein und Wirklichkeit (S. 153)
7 Idries Shah: Die fabelhaften Heldentaten des vollendeten Narren und Meisters Mulla Nasrudin (S. 98)
8 Vgl.: Yoga mit den Augen eines Arztes (S. 11)
9 Siehe: Kornfield: Geschichten des Herzens (S. 56)
10 Siehe: Trökes: Yoga. Mehr Energie und Ruhe (S. 72)
11 Siehe dazu: Ennea Tess Griffith: Geschichten zur Erleuchtung (S. 81)
12 Vgl.: Kornfield: Offen wie der Himmel ... (S. 44)
13 Siehe dazu: Iding: Erkennen, was krank macht
14 Siehe dazu: Iding/Huber: Lustvoll abnehmen
15 Diese Tees sind als Gewürzmischung in Bioläden oder Reformhäusern erhältlich. Man kann den indischen Chai-Tee aber auch selbst zubereiten. Die Zutaten sind sehr wärmend und deshalb besonders in den Wintermonaten zu empfehlen.
16 Aus: Jack Kornfield: Der Weg des Erwachens (S. 198)
17 Siehe dazu: Trökes: Ankommen in Körper, Geist und Atem (S. 24 ff.)
18 Siehe dazu: Trökes: Yoga für Rücken, Schultern und Nacken (S. 74)
19 Siehe dazu: Yoga aktuell (04/04): Gertrud Hirschi: Yoga im Büro
20 Siehe dazu: Trökes: Yoga für Rücken, Schultern und Nacken (S. 86)
21 Siehe dazu: Trökes: Yoga für Rücken, Schultern und Nacken (S. 88)
22 Siehe dazu: Iding: Die heilende Kraft des bewussten Atmens
23 Siehe dazu: Thich Nhat Hanh: Das Wunder der Achtsamkeit
24 Siehe dazu: Iding: Die heilende Kraft des bewussten Atmens

Literatur

Bäumer, Bettina: Patanjali. Die Wurzeln des Yoga. Die klassischen Lehrsprüche des Patanjali. Die Grundlage aller Yoga-Systeme. O. W. Barth Verlag, München 1995

Briggs, John & Peat, F. David: Die kreative Kraft des Chaos. Warum es besser ist, nicht alles in den Griff zu bekommen. Knaur MensSana, München 2004

Dalai Lama: Der Friede beginnt in dir. Wie innere Haltung nach außen wirken kann. Herder Spektrum, Freiburg 1998

Dam, Jyotishman: Große Meister Indiens. Kösel Verlag, München 2003

Galuska, Joachim (Hrsg.): Pioniere für einen neuen Geist in Beruf und Business. Die spirituelle Dimension im wirtschaftlichen Handeln. J. Kamphausen Verlag, Bielefeld 2004

Geshe Michael Roach: Der tibetische Yoga des Herzens. Tägliche Übungen für Körper und Geist. Theseus Verlag, Berlin 2004

Geshe Michael Roach: Die Weisheit des Diamanten. Buddhistische Strategien für beruflichen Erfolg und privates Glück. Theseus Verlag, Berlin 2003

Griffith, Ennea Tess: Geschichten zur Erleuchtung. Der spirituelle Weg in Geschichten. Farren BelVerlag, Saarbrücken 2000

Grün, Anselm: Menschen führen. Leben wecken. Vier-Türme-Verlag, Münsterschwarzach 2002

Hamilton, Mina: Entspannt durch den Tag. 40 Ruhe-Inseln in der alltäglichen Hektik. Knaur MensSana, München 2004

Hirschi, Gertrud: Mudras. FingerYoga für Gesundheit, Vitalität und innere Ruhe. Goldmann Verlag, München 2003

Iding, Doris: Dir muss nicht bang sein. Weisheiten und Meditationen über Leben und Tod. Kösel Verlag, München 2004

Iding, Doris: Der Tod geht um die Welt. Märchen und Mythen über den Tod. Goldmann Verlag, München 1999

Iding, Doris: Rituale fürs Alleinsein. Königsfurt Verlag, Krummwisch 2003
Iding, Doris: Klosterstille. Ludwig Verlag, München 2004
Iding, Doris: Die heilende Kraft des bewussten Atmens. Knaur MensSana, München 2004
Iding, Doris; Kaiser, Katja: Yoga der Gegenwärtigkeit. J. Kamphausen Verlag, Bielefeld 2005
Jacquemart, P.; S. Elkéfi: Yoga als Therapie – Lehrbuch für die Arzt- und Naturheilpraxis. Weltbild Verlag, Augsburg 1996
Klawitter, Uta: Die Weisheit des Körpers befragen. Lebensthemen meistern durch bewusste Bewegung. Knaur MensSana, München 2004
Kornfield, Jack: Geschichten des Herzens. Arbor Verlag, Freiamt 1991
Küstenmacher, Werner; Seiwert, Lothar: Simplify your life. Campus Verlag, Frankfurt am Main 2002
Peiffer, Vera: Aktiv-Programm Positives Denken. So verwirklichen Sie Ihre persönlichen Ziele. Knaur MensSana, München 2005
Pfannstiel, Cai: Handbuch Yoga – Grundlagen, Übungen, Techniken. dtv, München 1997
Pfannstiel, Cai: Der Sonnengruß. Mit Yoga den Tag beginnen. dtv, München 1997
Phillips, Kathy: Kunst des Yoga. Energie und Harmonie. Collection Rolf Heyne Verlag, München 2001
Prabhavananda Swami: Gotterkenntnis. Die Yoga-Sutras des Patanjali. Ullstein Verlag, München 1998
Röcker, Anna E.: Yoga. Der Weg zu innerer Harmonie und Gesundheit. Südwest Verlag, München 1997
Röcker, Anna E.: Übungseinheiten Yoga. Körperliches und geistiges Training für Gesundheit und innere Harmonie. Südwest Verlag, München 1998
Röcker, Anna E.: Yoga für innere und äußere Balance. Ludwig Verlag, München 2004

Sivananda Yoga Vedanta Centre: Yoga für Körper und Seele. Mosaik Verlag, München 1996

Sivananda Yoga Vedanta Centre: Das internationale Yoga-Kochbuch. Köstliches für Körper und Geist. Bauer Verlag, Freiburg 1999

Sriram, R.: YOGA. Neun Schritte in die Freiheit. Ein Weg zu Gesundheit und Selbstbewusstsein. Theseus Verlag, Berlin 2001

Sriram, R.: Yoga und Gefühle. Mit allen Sinnen leben. Theseus Verlag, Berlin 2004

Thich Nhat Hanh: Schritte der Achtsamkeit. Eine Reise an den Ursprung des Buddhismus. Herder Spektrum, Freiburg im Breisgau 1998

Thomson, Donna Leslie: Mehr Energie! Innere Kräfte aktiv und wirkungsvoll nutzen. Knaur MensSana, München 2005

Traun, Lilo: Chakra-Balance. Die 7 Kraftzentren harmonisieren für mehr Gesundheit und Wohlbefinden. Mit individuellem Chakra-Wellness-Programm. Knaur MensSana, München 2005

Trökes, Anna: Das große Yoga Buch. Das moderne Standardwerk zum Hatha-Yoga. Gräfe & Unzer, München 2000

Trökes, Anna: Yoga für Rücken, Schulter und Nacken. Gräfe & Unzer, München 2000

Trökes, Anna: Yoga. Ankommen in Körper, Geist und Atem. Ernst Klett Sprachen GmbH, Stuttgart 2003

Troll, Pyar: Poesie der Stille. Tanz des Lebens. Anleitungen zum Da-Sein. J. Kamphausen Verlag, Bielefeld 2002

Zeitschrift: Yoga aktuell, www.yoga-aktuell.de

Kontaktadressen

Doris Iding
doid@gmx.de
Tel. 0 89 / 1 78 40 49

Dr. Katja Kaiser
info@katja-kaiser.de
Tel. 0 89 / 33 43 84

Dank

Wir danken unserem Model Claudia Wölfer, unserem Fotografen Andreas Brücklmaier sowie Beate Herbinger und Stefanie Hess.

Doris Iding

Die heilende Kraft des bewussten Atmens

Vital, ausgeglichen und entspannt im Alltag

Das bewusste Atmen lässt uns das eigene Wesen neu entdecken, nie geahnte Kräfte erschließen und Energieströme lenken. Nicht zuletzt gilt es seit Urzeiten als Schlüssel zur göttlichen Erfahrung.
Doris Iding zeigt anschaulich, wie wir Körper- und Atemräume neu wahrnehmen können und durch die heilende Kraft des Atmens zu mehr Ruhe und Gelassenheit, zu mehr Gesundheit und Lebensfreude gelangen. Darüber hinaus lässt sie uns auch Schritt für Schritt die spirituelle Dimension des Atmens entdecken.
Erleben Sie körperliches und seelisches Wohlbefinden sowie spirituelles Wachstum durch bewusstes Atmen. Ein Buch, das Ihr Leben verändern wird!

Knaur
MensSana

Gudrun Huber / Doris Iding

Lustvoll abnehmen

Innere und äußere Schönheit durch richtige Ernährung

Um sich dauerhaft von Gewichtsproblemen zu verabschieden, ist eine ganzheitliche Herangehensweise unverzichtbar. Gudrun Huber und Doris Iding zeigen lust- und sinnvolle neue Wege auf, wie wir dem ewigen Kreislauf von Zu- und Abnehmen entrinnen und das Essen endlich wieder mit allen Sinnen genießen können. Mit diesem Buch erfahren wir alles über individuell richtige Ernährung, bekommen Spaß an der Bewegung, entwickeln mentale Stärke und gestalten unser ganz persönliches 12-Wochen-Programm für garantiertes Schlanksein.

Essen Sie, was Sie wollen – und was Sie wollen, bestimmen Sie selbst!

Knaur
MensSana

Mina Hamilton

Entspannt durch den Tag

40 Ruhe-Inseln in der alltäglichen Hektik

Die U-Bahn fährt einem vor der Nase weg, der Aufzug ist mal wieder überfüllt, die Schlange an der Supermarktkasse endlos – wir scheinen den Widrigkeiten des Alltags schutzlos ausgeliefert zu sein. Doch es gibt eine Lösung: Mina Hamilton nimmt den Leser mit zu den unterschiedlichsten Ruhe-Inseln, auf die man sich im Laufe eines Tages immer wieder zur Entspannung zurückziehen kann. So lassen sich selbst in der größten Hektik wieder Kraft und innere Ruhe finden, zum Beispiel durch bewusstes Atmen, leichte Dehnübungen und eine positive Grundeinstellung.

Knaur
MensSana